自治体と大学——少子化時代の生き残り策【目次】

はじめに

日本の大学が曲がり角に来ている。大学進学率は五〇%を超え、大学全入時代が到来するのではとの声も聞かれる。だが、本格的な人口減少社会が到来し、一八歳人口も下降局面が続く。そんな中で、大学の数はいまだに増え続けている。特に公立大学は国立大学の数を上回った。

評価の時代といわれて久しいが、大学ランキングの結果に翻弄され、教職員の評価疲れが目立つ。国立大学は法人化されて以降、毎年のように運営費交付金が削減され、競争的資金の獲得に奔走しなければ生き残れない時代となっている。

大学を巡る環境が厳しさを増す中で、昨年、公立大学全般に関する本を刊行したことを契機に、自治体と大学の関係について強い関心を持つようになったのが、本書を書くきっかけだった。

公立大学の在籍が五年目を迎え、その前には地方国立大学に一七年勤務した。大学の前は霞が関と自治体を行き来する渡り鳥、いわゆる過去官僚を一五年間務めていた。国では地方財政や地方公務員制度などを、自治体では予算編成や企画、政策立案などの仕事をしていたこともあって、大学でも行政学や公共政策などの講義や研究を担ってきたが、大学そのものを研究対象にしようと考えたことはなかった。

それが、公立大学という自治体に極めて近い存在に所属するようになってから、改めて自治体と大学はどのような関係が望ましいのかということを思い巡らす中で、公立大学以外についてももっと掘り下げてみようと考えたのだった。

公立大学に関する研究についても、教育学からのアプローチはあっても多くの場合断片的なもので、全般的に記したものはごくわずかだった。さらに自治体と国立大学や私立大学との関係についても、大学誘致に関しての研究はある程度行われているものの、やはり全般的なものはみられなかった。

大学は国策や教育に情熱を注ぐ民間の篤志家などによって設立されてきたという側面はもちろん強い。しかし、それだけではない。地方、すなわち、自治体が精力的に国立大学や私立大学を誘致し、また、自ら積極的に公立大学を設立させてきたという側面が少なからずあるのだ。

そして大学冬の時代ともいえる中で、改めて自治体と大学のあり方について議論を深める一助とするために、主に自治体の視点から大学論をまとめたものである。

本書は、自治体と大学のこれまでの歴史を振りつつ、国公私立を問わず、いかに自治体が大学の設立に関わってきたかを明らかにするとともに、自治体と国や学校法人との関係がどのようなものだったかを示し、大学政策において、自治体が果たしてきた、あるいは果たしてこなかった役割を明らかにすることで、大学が淘汰されていくことが危惧される中で、自治体と大学の望ましい関係などについて考察を加えたものである。

第一章では、日本に大学が誕生してから戦後の新制大学に生まれ変わるまで、自治体が大学とどのような関係だったのかについて、歴史的な振り返りを行った。大学とはどのような存在なのか、国公私立ごとに確認を行ったうえで、京都帝国大学創設における京都府の誘致運動に端を発した悪しき「慣例」が、九州帝国大学や東北帝国大学などの誘致合戦でもどれだけ多くの資金や用地を準備するかという形で引き継がれていく様を、大学史などから明らかにするとともに、公立大学誕生にまつわるエピソードを概観する。

自治体からすれば、帝国大学、そして官立大学を地元に誘致することが重視され、自ら公立大学を設立しようとする気概は京都や大阪を除くとほとんどみられなかった。戦後は新制大学の誕生によって、公立大学も数多く設立されるものの、長続きしたものばかりではなかったのだ。

第二章では、旧制専門学校から昇格した公立大学の多くが国立に移管され、また、新設された公立大学でも財政難などで私立大学への移管が取りざたされる様や一九六〇年代以降、公立大学の新設が抑制される中で新構想大学誘致の状況から、公立大学無用論ともいえる戦後から昭和末期までの状況を振り返る。

財政的には余裕のある県で国立移管が進み、余裕のない県では公立大学として維持せざるをえないという皮肉めいた状況や、騒動などを契機に公立大学を否定的にみる自治体関係者の動向、さらには国が打ち出した新構想大学をいかにして誘致しようかと政治家の力も借りながら奔走する姿からは、公立大学はお荷物で、できることなら高等教育は国や私学に任せたいという自治体の本音が見え隠れしてくるのだ。

第三章では、平成、令和の大学新設ラッシュを国策と絡めて論じている。いわゆる「アメリカの大学」誘致は日米貿易摩擦の解消という国策絡みで自治体が競い合ったものである。一定期間は教育を続けたものもあったが、多くは短期間で廃校となるか開校そのものを断念したのだった。唯一、そのレガシーを上手く生かしたのが秋田の国際教養大学だ。本格的な高齢化社会の到来に向けた国策であるゴールドプランに沿って看護系公立大学が相次いで設立された。当時の自治省も方針転換し、手厚い財政措置で支援した。

公立大学でも法人化が進む中で、東京と大阪における改革派首長と大学改革の顚末（てんまつ）からは自治体と大学のあり方について様々な示唆がもたらされる。昭和の時代とは異なり、公立大学も相次いで新設され、また、公設民営大学も全国各地で誕生するが、学生確保の切り札としての公立化の流れは止まらない。

第三章までで自治体と大学の歴史を俯瞰した後、第四章では改めて自治体と大学の関係を多角的な視点から分析を行った。自治体と国公私立それぞれの大学との関係を総論的に述べるとともに、公立大学が比較的所得の高くない層へのセーフティネットとなっている状況を明らかにする。

次に、大学が戦後まもなくから大都市に集中していた状況を実証的に示すとともに、国による規制の強化で一定程度緩和されたものの、二一世紀に入り規制が撤廃され、再度都市部に私立大学が進出する状況となったことを踏まえ、国が地方創生の一環で再規制を行ったことの是非を論じ、大学による地域貢献や自治体の高等教育政策の実態も示す。さらに大学設置におけるコンサルの役割にも触れることで、自治体と大学以外のステークホルダーの存在も明らかにするとともに、海外における自治体と大学の関係を、日本との対比で紹介する。

第五章では、自治体の大学誘致に関する戦略と私大の地方展開についてその実態と課題を明らかにする。まずは、全国的な調査で総括的に分析するとともに、私大の地方展開の実態について、東海大学、東京理科大学及び立命館大学の状況を取り上げる。地方展開は必ずしもうまくいくわけではない。大規模な有名私大でも撤退を余儀なくされることも起きているのだ。

自治体の戦略では、主に県レベルで対照的な山形県、新潟県及び長野県の事例をまずは取り上げる。山形県は学校法人に任せる形で公設民営大学を設立し、新潟県は多額の補助を公設民営大学に支給する形で地域のニーズに応えてきた。一方、長野県は両県に比べると出遅れ感は否めない。課題と考えられる点を明らかにした。

福島県と北海道では市による大学誘致の顚末を取り上げた。大学誘致にいかに自治体が精力を注いできたのかを示すとともに、結果的には大学の誘致を断念して公立大学を設立した釧路と会津若松、そして函館のほうが学生数も確保し、一定の評価を受けているという実態を明らかにした。

さらには公立大学を持たない四県の事情を議会での議論などから明らかにし、これら大学誘致の事例から見えてくるものを論じた。

第六章では、大学冬の時代における今後の展望について、大胆な推測も交えて論じた。まず、一八歳人口の推移から厳しい現状を明らかにするとともに、大学撤退の実情や他の学校法人による事業継承などを取り上げた。冬の時代と共に大学誘致に対する住民の声も厳しさを増し、住民訴訟などが増えてきた。その一方で、現実的には大学誘致に一〇〇億円単位の負担をすることが必ずしも理不尽ではないものとも考えられる。大いにマスコミを賑わせた加計学園の問題における補助金の額や獣医学部の定員抑制の妥当性について定量的に分析するとともに、大学ガバナンスのあり方も論じつつ、大学冬の時代における幾つかのシナリオを提示し、自治体と大学のあり方について私見を述べてまとめに代えている。

本書は、地方自治の一研究者が、自治体と大学のあり方について、これまでの研究成果や自らの経験も踏まえつつ、歴史的な経緯や大学誘致・設置に関する事例などを網羅的に調べ、実証的に分析することで、これまでの大学研究に一石を投じたものである。どちらかといえば、自治体の側に力点を置いているのは否めない事実であり、大学を基とする研究者からは異論を示されることも考えられるが、これまでとは多少でも異なる視点を提供できたらとは思っている。

そして、何よりも人口減少社会における自治体や大学がこのままでいいのかと、問題意識を少しでもお持ちの方々に読んで頂ければ望外の喜びである。

第一章

大学の誕生——戦前の大学誘致、戦後の新制大学

†大学とはどのような存在か

　自治体と大学はどのように関わってきたのだろうか。歴史を紐解けば、大学創成期の帝国大学の時代からすでに関係性が見えてくる。自治体と大学の歴史について、明治から今に至るまで振り返ることで、どれだけ大学にとって自治体は重要なパートナーであったか、また、自治体は大学誘致などを通じてどれだけ大学の良きパートナーとなろうとしていたかが明らかになる。もちろん、大学側からみれば、自治体が常に良きパートナーだったかについては、いわゆる改革派首長の言動をみれば少なからず議論もあるだろうが。

だが、その前に改めて大学とはどのような存在なのか、ということを確認してみよう。

大学という言葉が我が国で最初に用いられたのは、律令制のもとで設けられた式部省直轄の官僚を育成する機関の大学寮であるとされている。江戸時代には学問所や藩校などが設置され、明治維新直後の一八六九年、江戸幕府の教育機関だった昌平学校、開成学校、医学校を統合して大学校が設立された。

その後、一八七七年に東京大学が誕生し、一八八六年に帝国大学令によって帝国大学が、一九一八年の大学令によって旧制大学が誕生した。戦後になると学校教育法が制定され、大学制度が形作られていく。学校教育法は一条で学校の種類を列挙している。現在は九種類、幼稚園、小学校、中学校、義務教育学校、高等学校、中等教育学校、特別支援学校、大学及び高等専門学校となっている。

一条で学校は、国（国立大学法人と独立行政法人国立高等専門学校機構を含む）と自治体（公立大学法人を含む）、学校法人だけが設置できるとされている。一方、規制改革の中で、構造改革特区では、要件を満たせば株式会社や不登校児童生徒等を対象とした教育を行うNPO法人が学校を設置できるようになっている。

公立大学と私立大学については設置や廃止などを行う場合、文部科学大臣の認可が必要とされ、また、両者は文部科学省の所管とされている。

そもそも、大学とはどのような存在なのか、この点について、学校教育法八三条ではその目的などを以下のとおりとしている。

一項　大学は、学術の中心として、広く知識を授けるとともに、深く専門の学芸を教授研究し、知的、道徳的及び応用的能力を展開させることを目的とする。

二項　大学は、その目的を実現するための教育研究を行い、その成果を広く社会に提供することにより、社会の発展に寄与するものとする。

なお、本書では修業年限が四年以上の大学（いわゆる四年制大学）や大学院大学に焦点を当てているため、大学と称する場合は原則として短期大学は除いている。

大学と名称が似ているものとして大学校がある。大学校は学校教育法が定める学校ではなく、一般的には様々な教育訓練機関を指す名称である。国が設置するもので学位が取得できるものとして、防衛大学校や気象大学校などが、自治体職員の研修機関として警察大学校や自治大学校などがある。このほか、都道府県が設置するものとして農業大学校（専修学校）や高齢者大学校、学校法人が設置するものとして朝鮮大学校や自動車大学校などがある。

†国立大学とは

国立大学はその名が示すとおり、国の大学である。もともとは一九四九年に制定された国立学校設置法に規定されていたが、二〇〇三年に制定された国立大学法人法によって、すべての国立大学は翌年に法人化された。国立大学法人とは、「国立大学を設置することを目的として、この法律（国立大学法人法）の定めるところにより設立される法人」とされ、別表で八六校が挙げられている。

各法人は中期目標や中期計画の策定が義務付けられるとともに、世界最高水準の教育研究活動の展開が相当程度見込まれる国立大学法人を指定国立大学法人とする改正が二〇一七年に行われ、二〇二二年現在、東京大学など一〇校が指定されている。

国立大学の中では一種のグループ分けが進められている。もともと、旧制大学の時代における成り立ちの違いなどから、旧帝大（帝国大学：北海道大学、東北大学、東京大学、名古屋大学、京都大学、大阪大学、九州大学）、旧六（医大）（旧制医大を母体：千葉大学、新潟大学、金沢大学、岡山大学、長崎大学、熊本大学）、新八医大（戦後、国立学校設置法施行前に設置された大学：東京医科歯科大学、弘前大学、群馬大学、信州大学、鳥取大学、広島大学、徳島大学、鹿児島大学）などのグループが一種の業界の常識になっていた。

国立大学の特色化を図るという目的のもと、二〇一六年度からは三つの類型に分けられた。一つ目が卓越した教育研究タイプで、北海道大学、東京大学、東京工業大学など一六大学である。二つ目が専門分野の優れた教育研究タイプで、東京外語大学、東京芸術大学、鹿屋体育大学など一五大学である。三つ目が地域貢献タイプで残りの五五大学である。

†公立大学とは

公立大学は、公立の名が示すように自治体が設置した大学である。学校教育法では特段定義もなく用いられていて、公立の大学を公立大学としている。

公立という言葉は、都道府県や市区町村などの自治体が設置し運営する施設のことを指し、国立や私立とは明確に区別されて用いられる。公立の施設は自治体が設置するもので、国が設立する場合は国立と称され、また、民間が設立する場合は私立の施設と称される。

小学校、中学校、高等学校の数については圧倒的に公立＞私立＞国立となっているが、大学の世界では以前は私立＞国立＞公立となっていた。これが二〇一六年に国立と公立が逆転して私立＞公立＞国立となったが、学生数などでは依然として国立のほうが公立よりも多く、私立＞国立＞公立のままである。

公立大学については、二〇〇三年までは自治体が自ら設置する直営の形態だけだった。

例えば県庁の総務部や農林水産部などと同様に〇〇県立大学が組織図のなかに書き込まれていた。あくまで自治体の内部組織で、法人格を持たない存在だった。

二〇〇三年に地方独立行政法人制度が発足し、新たに公立大学法人の制度が作られたことによって、国立大学法人同様、自治体から切り離された公立大学法人が自治体に代わって公立大学の設置主体となることが可能となった。これまでどおり、自治体直営の公立大学もあるが、法人の形態で運営を行うものが大部分である。

二〇二二年現在、公立大学の数は九九と二〇二一年よりも一校増加した。内訳は一校が新設され、一校が私立大学から公立化され、そして一校が統合によって減少した。

†私立大学とは

私立大学は、学校教育法のほか、私立学校法で位置づけられている。私立学校は、学校法人の設置する学校で、大学の形態をとるものが私立大学となる。私立学校法は第一条で、「私立学校の特性にかんがみ、その自主性を重んじ、公共性を高めることによつて、私立学校の健全な発達を図ること」を目的として制定されている。国公立とは異なり、自主性を重んじることがまずは第一とされているのだ。

また、私立学校は教育委員会の所管から外れている。そのため、大学以外も含めて私学助成など私学振興に関する事務は、自治体の中では首長部局が所管し、私学振興課などの名称で担当する組織が置かれている。

私立学校に対しては、国や自治体が助成することが憲法に違反しないのかという議論がある。八九条では、公金は公の支配に属しない教育事業に対して支出してはならない旨規定されている。私立学校が公の支配に属するのか否かに関して、合憲説、違憲説があるが、法律に定める所轄庁の監督を受けているので合憲であるというのが政府の公式見解である。

この法律の中で、一九七五年に制定されたのが私立学校振興助成法である。これによって私学助成の根拠が法的に明確化された。四条では、「国は、大学又は高等専門学校を設置する学校法人に対し、当該学校における教育又は研究に係る経常的経費について、その二分の一以内を補助することができる」と定めているのに対して、私立大学への助成金の割合は二分の一はおろか、実態は約一割程度となっている。この点については私立大学の側は強い不満を持ち続けている。

†自治体とは

ここまで自治体という言葉をなんら説明せずに使ってきた。地方自治体とも称されるが、法律上は地方公共団体または地方団体とされ、憲法では地方公共団体の用語が用いられている。研究者によっては中央政府との対比などの観点から、地方政府と呼ぶ者も少なくない。

地方自治法は、地方公共団体を大きく二つのカテゴリーに分けている。普通地方公共団体と特別地方公共団体だ。名前が示すとおり、普通地方公共団体は、どこでも普通一般に存在するもので、都道府県と市町村が該当する。現時点では都道府県は四七、市町村は一七一八となっている。特別地方公共団体は、どこにでもある団体ではなく、東京二三区の特別区、地方公共団体の組合、そして合併の際の旧市町村が所有していた財産などを管理する財産区に分けられる。

このうち、大学に特に関係があるのが地方公共団体の組合である。ごみ処理や消防など特定の事務を複数の自治体が共同で処理する場合に置かれる団体で、一部事務組合と広域連合がある。いわゆる組合立の公立大学もあるのだ。

ここからは大学の歴史を自治体との関わりから眺めてみよう。本章では、大学創成期から戦後の学制改革によって新制大学が誕生した時代までに焦点を当てることとする。

†帝国大学の誕生

日本に最初の大学が出現したのは今から一四五年前となる。一八七七年に東京開成学校と東京医学校が統合されて誕生した東京大学が、近代的な大学としての第一号である。

一八八六年に帝国大学令が施行され、九つの帝国大学が生まれた。帝国大学とは、当時の大日本帝国における最上位の国立高等教育機関、すなわち最高学府であった。当初は学位の授与が出来るのは帝国大学に限られ、二〇世紀初頭までは私立や公立の学校は旧制専門学校という枠組みの中で専門教育を行っていた。なお、旧制専門学校は戦後の専門学校とは異なり、現在の単科大学に近い存在だった。

九つの帝国大学のうち、京城帝国大学と台北帝国大学は外地に置かれたもので、残りの七つは内地、すなわち今の日本国内に設置された。これらは設置されたのが古い順に、東京帝国大学、京都帝国大学、東北帝国大学、九州帝国大学、北海道帝国大学、大阪帝国大学、そして名古屋帝国大学である。この中で、大学をどこに置くかで地元自治体が政界や経済界、マスコミも巻き込んで熾烈な戦いを繰り広げたのが九州だった。

日清戦争の勝利によって、清国から多額の賠償金を得たこともあって京都に帝国大学を設置する機運が高まり、一八九七年に京都帝国大学が旧制第三高等学校の施設を利用して設立された。これには京都出身で当時文部大臣だった西園寺公望が高等教育の推進に積極的な姿勢を示していたことも影響したと考えられる。

†悪しき「慣例」の始まり

実はこの時から自治体と官立（国立）大学の間には、国が本来負担すべきところを地方が肩代わりして負担するという、悪しき「慣例」が始まったのだった。本来であれば国の施設であれば国が責任をもって財政負担をすべきである。これは誰の目からも明らかなことではあるが、原則というものは往々にして守られないものでもある。一方的に負担せよ、と命じたわけではないが、当然地元が負担するだろうと国が考えていた節はある。

一方、自治体の側も競って国の施設を誘致しようとあの手この手を使う。競合相手がいれば、どれだけ国に対してよい条件を提示できるかと考えるのもまた、自然の流れなのかもしれない。その際、地元が寄付金を集めたり、自治体自らが負担をしたりすることが往々にして起きているのだ。用地を準備してそっくり寄付することや、無償ないしはごくわずかの賃料で長期間貸し付けるということも少なくなかった。

京都帝国大学は一八九七年に理工科大学が設置され、その後、一八九九年に法科大学と医科大学が設置された。帝国大学令では単科独立の大学が認められなかったため分科大学制がとられていた。

当初は大阪府立医学校を官立に移管して、大阪に京都帝国大学医科大学を設置しようと考えたが、大阪府議会の反対で実現せず、京都府の誘致運動によって京都に医科大学が置かれるところとなった。既設の京都府立医学校（現京都府立医科大学）については校地・校舎とも貧弱で医科大学には不十分と判断し、校舎に関しては文部省の予算で新設された。一方、校地に関しては旧制第三高等学校の場所を用いることとし、第三高等学校の移転用地を京都府が用意したのだった。

この点について、教育学者である天野郁夫は、著書『大学の誕生（下）』で以下のように述べている。

既存の官・公立学校を移管・吸収するか、あるいは校地の寄付や建築費の負担など創設費用の大部分を、立地する府県や市などの寄付に求めるという新設費用の調達方法が、その後、帝国大学を含めて官立諸学校の設置にあたってごく一般的な方式になっていく。それは、本来ならば国が全面的に負担すべき費用を、地方政府や個人の寄付に依存することで、「民」の学校設立へのエネルギーを「官」の側に吸い上げていく、巧妙な方式であったと見るべきかも知れない。

この「巧妙な方式」は、地方財政が危機的な状況となる一九五〇年代以降、問題となる。

地方財政を所管する当時の自治省としては当然のことながら看過できなかったのだ。本書でもこのからくりともいうべき「慣例」については何度となく言及することとなる。

†京都の次の帝国大学はどこに？

京都の次はどこに帝国大学を置くのか、ということが関係者の間で大きな議論となっていく。帝国大学設置に向けての本格的な動きは、第二次山縣有朋内閣の樺山資紀文相のときに策定された、いわゆる文部省「八年計画」からである。この中では、一九〇〇年度から一九〇七年度までの八年間の経費計画が示され、創立費に関しては、九州帝国大学と東北帝国大学はともに二五八万四〇〇〇円が七年の分割で示されていた。一方、大学の運営費に相当する通常費については、九州帝国大学に関しては一九〇三年度から、東北帝国大学に関しては一九〇四年度からとされていて、九州帝国大学を先に創設することが政府の中では考えられていたようだ。

だが、この計画はあくまで文部省内部の構想に留まり、政府内で公式に認められたものではなかった。当時は日清戦争と日露戦争のはざまで、軍備増強の圧力が強まる一方で財政状況は苦しくなり、予算を所管する大蔵省が簡単には新規事業を認めてこなかったのである。このため、文部省は関係各県に寄付を打診するなどして打開を図ろうとしたために、各県の誘致運動が過熱していったのだった。

†九州帝国大学誘致運動

九州帝国大学に正式に名乗りを上げたのが福岡県、長崎県、そして熊本県だった。この三県の誘致運動については、『九州大学百年史』に詳しく記されているので、ここでは『百年史』の記述などを参考にその顚末を触れることとする。なお、佐賀県でも一時期誘致の動きが見られたともいわれている。

現在の九州の中心は誰しもが福岡県、そして福岡市と認めるだろう。いまだに人口増を続け、京都市や神戸市を追い抜き、横浜市、大阪市、名古屋市、札幌市に次ぐ全国五番目の大都市だ。そして、九州の中では北九州市が二番目に人口が多く、三番目が全国二〇番目の政令指定都市である熊本市、長崎市は鹿児島市や大分市よりも人口が少なく六番目となっている。

しかしながら、一九世紀末の九州の状況は今日とは大きく異なっていた。明治期から昭和初期まで九州地方の中で最も人口が多かったのは、福岡市でも熊本市でもなく長崎市だったのだ。一八九〇年の人口は全国一二位、誘致運動が激しくなる一九〇一年には長崎市が一四万二八一一人だったのに対して、福岡市は六万七〇七五人、熊本市は五万六八一一人と両市ともに長崎市の半分にも満たなかった。もちろん、県の単位で人口を比べれば、当時も今も福岡県、熊本県、長崎県の順ではあった。

長崎市は、一九〇三年には広島市を抜いて当時の六大市に続く日本七番目の都市となった。三菱重工業や三菱電機の工場が立地する三菱の企業城下町で、一九三〇年に福岡市に抜かれるまで九州最大の都市の座を守っていたのである。

長崎市にはまた別の顔があった。それは明治初頭、わが国の医学教育をリードするという存在だったのである。江戸時代、日本が鎖国状態の中で、西洋や中国文化の窓口だったこともあり、一八七一年には文部省所管の長崎医学校が設置された。これが県立医学校として引き継がれ、一八九四年には旧制第五高等学校医学部と称された。ちなみに旧制第五高等学校の本部は熊本市にあった。

一方、熊本市は地理的にも九州の中心的な場所に位置し、旧制第五高等学校のほか、国の逓信管理局や第六師団が置かれ、細川藩以来の医学教育の伝統もあることから、地元新聞の中には帝国大学は熊本に置かれることが既に内定しているようなことを書いているものもみられた。

†福岡県、長崎県、熊本県の誘致運動

そんな中で、一八九九年に八年計画の存在が報じられるといち早く動いたのが福岡県だった。当時、福岡県立尋常中学修猷館長（現福岡県立修猷館高等学校長）だった隈本有尚は、福岡日日新聞に対して、「九州大学は福岡県か熊本県に設置されるだろうが、経費については地元からの寄付金に依存することと地元住民の熱意にかかっている」との談話を寄せている。

また、隈本は大学の位置としては中国・四国地方からの学生も受け入れる必要があることや人口の多い福岡県は高等学校生の数も多く、気候風土は熊本が夏暑く冬寒冷であるのに対して福岡は気候温暖であることなど、一つ一つ具体的な事例を挙げて説明した「九州大学設立ノ位置ハ福岡県最好適地タルノ説明書」というパンフレットを作成し、関係方面に働きかけを行った。このほか、当時の文部大臣尾崎行雄らに対して、財政状況にかかわらず帝国大学の増設を進言する建議案も作成している。

大学設置に関しては、今も昔も財政の問題を切り離すことはできない。そしてこれは大学に限らず、様々な施設についても同様だった。地元の熱意を示す一つのバロメーターとして、どの程度の寄付が集められるかということを政府が施設の設置場所を決める判断材料として重視していたことは、県庁の移転費用を前橋の経済界が用意して、高崎市から前橋市への移転を実現させた群馬県の事例（一八八一年）などからも明らかである。

誘致に動いたのは福岡県や教育界だけではなかった。福岡市と商工会は、一九〇一年九月に九州に医科大学を設置することが閣議決定されるとただちに福岡病院の近くに医科大学の用地を確保するために奔走した。商工会会頭の渡辺與八郎は運動資金を提供するとともに自ら用地の売買交渉も行い、帝国大学昇格の際に課題となっていた医科大学に隣接した遊郭の移転にも尽力している。

政治家も積極的だった。福岡県会では、後に衆議院議員となる富安保太郎が九州大学設置の建議を行うことを提案した。その内容は、九州大学の設置場所としては福岡市が「最好適地」であること、福岡に大学が設置された場合、二五万円分の土地と現金二五万円の合計五〇万円を寄付すべきこと、現金二五万円については三年間で寄付することとしたものであり、一八九九年末に可決された。また、県立福岡病院についても大学が設置された場合には附属病院として寄付することが決定された。

地元選出国会議員も、例えば藤金作は衆議院特別委員会の委員長を務めて帝国議会における議論をリードするなど、まさにオール福岡で誘致運動を進めたのであった。九州における医科大学の設置問題は、政治家による大学誘致活動の先駆けでもあった。

一方、文筆家の大町桂月は、総合雑誌「太陽」誌上で、九州と東北の二大学の設置やそれにともなう地域間の競争が政党上の策略から出たものであると評している。また、高山樗牛は、京都帝国大学の充実を優先すべきであって、田舎議員の脅しなどは一笑に付すべしと書状で述べている。このように、誘致活動を批判的に、あるいは冷めた目線で傍観していた文化人も少なからずいたのであった。

長崎県は医科大学だけでなく、工科大学や高等商業学校まで大々的な誘致を目指していた。そのために寄付金を用意することも県会で決議し、誘致活動を展開していた。特に、医科大学の設置については、長い医学の歴史と医学専門学校、新築の県立病院を有する長崎こそが最も相応しいと主張していた。しかしながら、一九〇一年一二月、長崎市の実業家で翌年に衆議院議員となる高見松太郎が誘致活動で上京した際に、とある有力者から、「医科大学の設置は歴史上当然であるが、長崎の将来からみれば高等商業学校の設置のほうが得策である。この際医科は福岡に譲り、長崎としては高商を採るべき」と諭され、福岡の関係者とも相談したと『百年史』では記されている。

この結果、長崎県は医科大学の誘致については断念し、高商の誘致に専念した。その後、一九〇五年に長崎高等商業学校が創立され、初代校長には福岡の大学誘致運動を先導したあの隈本が就いているのは誰もが驚きを禁じ得なかっただろう。一種の密約が福岡県と長崎県の間で取り交わされていたのではないだろうか。

熊本県会も、福岡県とほぼ同じ時期に九州大学設置に関する建議を決議していたが、具体的な寄付金額の言及はなく、熊本県の誘致運動は福岡県に比べるとあまり活発ではなかった。熊本に設置されることを疑問視していなかった関係者が少なからずいたことや、地元やマスコミの中には意見を異にするものも一定数いたことが影響し、熊本県全体としては必ずしも積極的な動きにはならず、また、一枚岩ともなっていなかったのだ。

その後、熊本県も誘致運動の体制を強化させ、県会も具体的な寄付については、三〇万円と土地、熊本病院として、福岡県と張り合っている。さらには東京での誘致運動に関しては、大学を九州だけに置こうとする動きに反対する東北出身議員と組んで、福岡への設置を阻止しようと連携する動きをみせていた。だが、東北大学設置建議を前文部大臣の尾崎行雄が提案したことによって東北出身議員の阻止運動は沈静化していった。

†なぜ京都帝国大学福岡医科大か

最終的には一九〇二年度予算に盛り込まれ、福岡医科大学の設置が決定された。国会での議論では、寄付金の額ではなく、地方病院が整備されていることが重視された。長崎は病院敷地が崖の上にあって拡張の余地がなく、また長崎医学専門学校の附属病院として使用することになっていること、熊本はこぢんまりとできているが拡張するうえではかえって不自由でこれも向かないことが問題とされ、三つの中で地方病院としては最も有名な県立福岡病院が選定された。

このように、福岡県、長崎県、熊本県が三者三様の動きを見せる中で、最終的には福岡県が最大の成果を収めたのだった。長崎県に関しては実を取ったということだろうが、それが長い目でみて本当の実だったかについては評価も分かれるだろう。『百年史』によれば、「熊本に比べ中央での有力者も少なく、またそれゆえ機敏な運動を継続した福岡と、苦もなく医科大学が来るものと高をくっていたという熊本の対比が見てとれる」とのことである。

その後の福岡の発展をみれば、まさに当時の関係者には先見の明があったのは間違いない。福岡商工会の渡辺は、西鉄の開通にも尽力し、その名は天神のメインストリートの渡辺通として記されている。一方、肥後もっこす、あるいは肥後の議論倒れという言葉が語るように、頑固で議論は好きだが若干柔軟性を欠くともいわれる熊本人の気質が、帝国大学誘致に関しては災いしたのかもしれない。もし、帝国大学が置かれていれば、九州の中心は熊本市、ということになっていただろう。

帝国大学が設置されれば、地域における教育はもとより、産業をはじめ様々な分野で短期的にも長期的にも効用がもたらされることが期待できる。それだけに、費用負担や土地の提供などは決して高くつくものではないと自治体や教育関係者、地元経済界は考えたのだ。もちろん、そのような地元の熱い期待に国がつけ込んだという側面は否定しえないが、この流れは二〇世紀、そして二一世紀にも引き継がれていく。

一九〇三年には県立福岡病院を母体として京都帝国大学福岡医科大学が設立された。九州の地になぜ、京都が、と誰もが不思議に思う名称は、この時点ではまだ九州帝国大学の設置までは認められていなかったことから、既存の大学である京都帝国大学の一分科とする苦肉の策だったのである。

✝九州帝大が先か、東北帝大か

一九〇六年、文部大臣も歴任した西園寺公望が首相に就任し、九州帝国大学と東北帝国大学の設置を目指した。しかし、一九〇四年から一九〇五年にかけて行われた日露戦争では、実質的に勝利を収めたにもかかわらずロシアからは賠償金を受け取れず、戦後の不況も重なり、財政難によっていったんは大学設置に関する予算案の作成を断念した。だが、古河財閥からの多額の寄付の申し入れがあり、なんとか実現にこぎつけたのである。

これは、後に首相となる原敬内務大臣が間に入って実現したものだった。日露戦争で多額の財をなした古河財閥は、この時期、足尾銅山の鉱害問題で世間から非難を集めていた。原は内務大臣就任前には古河鉱業の副社長だった。その後も顧問という立場にいたことから、当時一七歳で古河財閥の若き当主だった古河虎之助を説得して、世論の沈静化を試みたということのようである。古河財閥からは九州帝国大学に対して約六一万円、東北帝国大学に対して約三八万円の寄付が行われている。大学の設立に際しては、国や自治体だけでなく、時として経済界の力も必要なのだった。

様々な紆余曲折を経て、一九一一年、九州帝国大学工科大学が新設されるとともに京都帝国大学福岡医科大学が移管されて九州帝国大学は設置されたのであった。

帝国大学としては一足早く、一九〇七年に東北帝国大学が設置された。地元の雑誌などでも、九州と東北の小中高の数や生徒数を比較するなどして、九州に遅れるべからずとの論調で世論の盛り上げに取り組むなど、宮城県内における運動も活発になっていった。一方、最初に昇格運動が本格化したのは札幌農学校だったこともあり、九州だけでなく、北海道もライバルだった。

もともと、宮城県も福岡県などのように一八九九年には三五万円の寄付を申し出ていたが、政府が東北帝国大学のかわりに仙台高等工業学校を設置すべし、という方針を出したことで世論が二分され、一時運動は混迷をみせる。

その後、一九〇六年に札幌農学校の北海道帝国大学への昇格運動が活発化する中で、古河財閥からの寄付によって、急転直下、東北帝国大学の創設が認められたのだった。

一九〇七年に誕生した東北帝国大学は、本部こそ仙台市に置かれたものの、キャンパスは札幌農学校が昇格した東北帝国大学農科大学だけだった。開学時点では仙台市には大学の施設はなかったのだ。札幌農学校の農科大学化にあたっては北海道庁が一〇万円の寄付を行っている。札幌と仙台の両者を合わせて東北帝国大学にするという文部省の策は、札幌側からすれば、計られた、という思いも強かっただろう。

北海道帝国大学の関係者は、実質的な三番目の帝国大学は東北ではなく、我々だという意識を持っていただろう。また、九州帝国大学の関係者からすれば、医科大学は先に開設されたのであり、九州こそが三番目だと思っているのかもしれない。

仙台市に東北帝国大学理科大学が作られたのは一九一一年、これによって仙台の地によ うやく東北帝国大学のキャンパスが誕生したのだった。また農科大学が分離して北海道帝国大学が設立されたのは、第一次世界大戦下の好景気に沸く一九一八年のことだった。なお、岩手県や青森県も一九世紀末には誘致活動を行っていた。

†公立大学の誕生

一九一八年には大学令が公布され、これによって帝国大学以外の大学の設置が認められるようになった。私立大学として最初に認可されたのは一九二〇年の慶應義塾大学と早稲田大学だったが、それに先駆けて前年の一九一九年に誕生したのが府立大阪医科大学だった。大阪府が設立母体となる府立大阪医科大学は緒方洪庵の適塾をルーツとしている。これが我が国の公立大学第一号である。

大学令によって認可された大学の多くは東京の私立だったが、府立大阪医科大学のように医学専門学校を前身とした地方の大学も幾つかあった。また、公立大学では一九二一年の京都府立医科大学と県立愛知医科大学、一九二二年の県立熊本医科大学、一九二八年の大阪商科大学（現大阪公立大学）と戦前には五つの公立大学が誕生していた。

一九二二年という早い時期に県立の医科大学が熊本に設置されたのは、帝国大学を逃した悔しさもあってのことかもしれない。官立の長崎医科大学の設置はその一年後である。

現在とは異なり、戦前は知事が国から派遣されるという官選制を採るなど強固な中央集権体制の下で地方制度が構築されていた。広域団体としては三府四三県と内務省直轄で長官をトップとする北海道庁で構成されていた。ちなみに当時は東京府で、一九四三年に戦時体制を強化するために東京市を解体するなどして東京都が誕生している。

大学に関して、官立大学のほうが公立大学よりもステータスが高かったのは明らかだった。学校関係者も公立大学よりも官立大学になることを願っていたようだ。戦前に誕生した五つの公立大学のうち、府立大阪医科大学は一九三一年に官立移管した後に大阪帝国大学に昇格し、県立愛知医科大学も同様に名古屋医科大学として官立移管した後に名古屋帝国大学に昇格している。県立熊本医科大学も一九二九年に官立移管し、その後、熊本大学となっている。

戦後まで残ったのは京都府立医科大学と大阪商科大学の二つだけだった。府県の側も、厳しい財政事情の中で公立大学を維持することは困難を極めていた。また、愛知県、大阪府、熊本県の三府県内には官立大学がまだ設置されていなかったか、あっても医学部がなかったという事情があった。このため、官立移管は比較的抵抗が少なく進められたようである。基本的には、三府県では文部省の強い要請というよりは地域の側、それも一部の大学関係者や政党のイニシアティブのもとで着手され、府県関係者の合意を得たうえで、官立に移管されていく。

他方、京都に関しては既に京都帝国大学に医学部があったという事情も影響したとみる向きもあるが、大学内には公立医大であることを誇る気風が強く、府民に密着した存在だったことが公立大学として存続した理由だとの指摘もある。

✝全国初の市立大学は大阪商科大

大阪商科大学は、全国初の市立大学だ。大学令では「公立大学は特別の必要ある場合に於て北海道及び府県に限り之を設立することを得」とされていた。つまり、公立大学はあくまで特別な必要がある場合にだけ設置されるもので、その場合も大学の設置主体は道府県とされていたのだ。

東京に次ぐ国立第二高等商業学校を大阪に設立させるという建議案が地元選出議員によって国会に提出されたものの、七一票対七〇票と、わずか一票差で神戸市に設置が決定されてしまった。国に頼らずに独自で大阪市は一九〇一年に市立大阪商業学校を改組して市立大阪高等商業学校を設立した。国立の神戸高等商業学校は一九〇三年に設立されているので、結果的に神戸よりも先に開学したのだった。

一九一九年、学校側によって大学への昇格運動が動き出した。募金活動が目標額を超えた一九二一年には昇格させることに大阪市も取組み始め、関係者が大学令の改正を繰り返し国に働きかけていった。

大阪商科大学の誕生に欠かせない人物の一人が関一である。関は東京高等商業学校（現一橋大学）の教授を経て大阪市の助役となった。社会政策や都市計画の研究者でもあり、実践家でもあった。一九二三年に市長に就任すると現在の大阪発展の基礎となる都市政策を次々と展開し、「大学は都市とともにあり、都市は大学とともにある」という名言を残している。

関東大震災や度重なる内閣交代などによって大学令の審議はなかなか進まなかったが、

ようやく一九二八年一月に改正されたことによって同年三月、念願の大学昇格が実現したのだった。ちなみに、市立大阪高等商業学校の前身は一八八〇年に五代友厚らによって設立された大坂商業講習所である。

†旧制専門学校から新制公立大学へ

終戦直前に旧制大学が置かれていたのは、四七都道府県の中では帝国大学があった北海道、宮城県、東京都、愛知県、京都府、大阪府、福岡県のほか、千葉県（千葉医科大学）、新潟県（新潟医科大学）、石川県（金沢医科大学）、三重県（神宮皇學館大学）、兵庫県（神戸商業大学、関西学院大学）、和歌山県（高野山大学）、岡山県（岡山医科大学）、広島県（広島文理科大学）、熊本県（熊本医科大学）の一六都道府県だけだった。

その数は七帝国大学、一一官立大学、二公立大学、二九私立大学の四九大学だった。このうち、東京都、愛知県、京都府、大阪府、兵庫県の五都府県には全体の四分の三強の三八大学が集中していた。一方、三分の二に相当する残りの三一県は大学空白地域だったのである。

第二次大戦後、学制改革により一九四七年に学校教育法が施行され、これ以前の帝国大学令や大学令等による大学は旧制大学と呼ばれるようになった。その後、旧制大学、旧制高等学校、師範学校、高等師範学校、大学予科および旧制専門学校が四年制の新制大学として再編されたのである。

一九四六年には神宮皇學館大学が廃校となったため四八大学だったが、一九四九年末には国立大学七〇、公立大学一八、私立大学九二、合わせて一八〇大学と一気に増加し、すべての都道府県に大学が置かれることとなった。

戦後の占領下において日本を民主化するための改革が様々な分野で急ピッチに進められていったが、教育分野は特に重要視され、その中でも大学教育のあり方も大きなテーマとなった。

新制大学への移行は一九四九年だったが、それ以前の一九四五年から一九四八年までに先行して旧制大学として開学した公立大学が六校ある。このうち五つが医学専門学校を前身とするところで、福島県立医科大学、名古屋女子医科大学及び大阪市立医科大学が一九四七年に、奈良県立医科大学及び和歌山県立医科大学が一九四八年に発足した。これらはその後、新制大学へと移行している。

残りの一つが当時の神戸商科大学である。新制大学設置に先駆けて、一一の私大が一年前倒しで一九四八年に発足しているが、神戸商科大学の前身となる神戸経済専門学校もこれらの私大同様、早期の申請を行い、医学系以外の他の公立大学よりも早く新制大学として認可されている。

一九四九年の学制改革によって、旧制専門学校が続々と新制大学に移行した。このうち現存する公立大学は一三で、九つが一九四九年に、四つが一九五〇年に認可された。その中で最も規模が大きな公立大学が東京都立大学である。東京都立大学は、五つの旧制専門学校と都立高等学校が統合されたもので、昼夜開講制が特徴の一つだった。

†現存する新制公立大学は医歯薬系が半分強

一九五二年までに新制大学として誕生した公立大学のうち、現在も公立のまま存続しているのは一八である。このうち、医科専門学校を母体のすべてまたは一部とするものが八つ、歯科大学と薬科大学が各一つと医歯薬系は半分強となっている。

また、女子専門学校を母体の全てまたは一部とするものも八つある。このうち、福岡女子大学の前身の福岡県立女子専門学校は一九二三年に開校した日本初の公立の女子専門学校だった。

女子専門学校から短期大学を経て公立大学に昇格したものも少なからずある。現在では、共学化が進んだこともあり、公立女子大学は福岡女子大学と群馬県立女子大学の二校に過ぎないが、公立大学の歴史は戦前から戦後にかけての女子教育の変遷を抜きに語ることはできない。九九ある公立大学の中の家政系や文学系の学部や学科、課程のルーツの多くはここにあるのだ。

旧制の外事専門学校を母体とした公立大学も二校設立されている。外事専門学校とは英語などの外国語を学ぶ専門学校で、官立は二校（後の東京外国語大学と大阪外国語大学。大阪外国語大学はその後、大阪大学と統合）、公立は神戸と小倉の二校だった。これらが新制大学に昇格したのが、神戸市外国語大学と北九州外国語大学（現北九州市立大学）である。神戸市は開港五港の一つであり、また、旧小倉市の近くの門司港も大陸航路が就航するなど、古くから海上交流の拠点として栄えた国際感覚の豊かな地域だ。

戦後、海外との交流を深めることが外交や経済など様々な分野の発展に有益となり、また、平和日本に寄与するとの思いから、語学に通じた有為な人材を育成することを地域自らが目指したのである。他の旧制専門学校の多くが食糧増産や軍医の育成など、国策に沿った形で設立されたのに対して、この二校は神戸・小倉両市の自発的な創設意欲に基づく、国策を先取りしたものと評価できるだろう。

✝新制国立大学の設置に関する一一原則

ＧＨＱによる占領改革の中で最重要課題の一つが学制改革などの教育改革だった。教育の民主化こそが軍国主義排除の早道と考えたのだ。その中核を担ったのがCIE（連合軍民間教育情報局）である。CIEの担当官は官立大学の中でも旧制帝国大学のあり方に強い問題意識を持っていて、教育の民主化の原則に従って、国の管理から切り離し地方に移譲すべきと文部省に勧告している。また、各県に設置される大学は県立にすべきとの議論が当時の教育刷新委員会でも出されている。

アメリカの教育関係者からすれば、アメリカの制度を採用すべきということになる。士官学校などを除けばアメリカには連邦政府が設立した高等教育機関は存在しない。つまり、大学に関しては私立または公立だけで、公立の中心は州立大学である。これに対して日本側は、国立大学の運営を民主的に行うことを確約したほか、自治体の財政上の問題や、地方分権の歴史が浅く、地方自治の精神が根付いていないため、大学理念を支える基盤が不備であることなどの理由からアメリカ側の勧告を退けたとされている。

文部省は一九四八年、新制国立大学の設置に関する一一原則を発表した。これは、CIEがわが国の大都市集中を避け、また教育の機会均等を実現するため、国立大学について一府県一大学の方針を貫くよう要請したことによるものである。

一　国立大学は、特別の地域（北海道、東京、愛知、大阪、京都、福岡）を除き、同一地域にある官立学校はこれを合併して一大学とし、一府県一大学の実現を図る。

二　国立大学における学部または分校は、他の府県にまたがらないものとする。

三　各都道府県には必ず教養および教職に関する学部もしくは部を置く。

四　国立大学の組織・施設等は、さしあたり現在の学校の組織・施設を基本として編成し、逐年充実を図る。

五　女子教育振興のために、特に国立女子大学を東西二か所に設置する。

六　国立大学は、別科のほかに当分教員養成に関して二年または三年の修業をもって義務教育の教員が養成される課程を置くことができる。

七　都道府県および市において、公立の学校を国立大学の一部として合併したい希望がある場合には、所要の経費等について、地方当局と協議して定める。

八　大学の名称は、原則として、都道府県名を用いるが、その大学および地方の希望によっては、他の名称を用いることができる

九　国立大学の教員は、これを編成する学校が推薦した者の中から大学設置委員会の審査を経て選定する。

一〇　国立大学は、原則として、第一学年から発足する。

一一　国立大学への転換の具体的計画については、文部省はできるだけ地方および学校

の意見を尊重してこれを定める。意見が一致しないか、または転換の条件が整わない場合には、学校教育法第九八条の規定により、当分の間存続することができる。

一府県一大学の方針が、県内に数多く誕生した公立専門学校を集めて国立大学とする動きを加速した。また、五番については、お茶の水女子大と奈良女子大の創設につながり、八番によって、弘前大学と信州大学が都道府県名以外の名称をつけている。一九四九年に国立学校設置法が制定され、同年末までに七〇の新制国立大学が発足した。

戦前は二校に過ぎなかった公立大学も、旧制専門学校の昇格や、新規設立が相次ぎ、一九五〇年には二六校に増加したのだった。

第二章

公立大学無用論――財政負担、私学移管、新構想大学の誘致……

†公立大学を手放す理由

戦後、大学が急増する中で、自治体の対応は大きく分かれていく。ある自治体はせっかく設置した公立大学の国立移管を進め、ある自治体は国立移管が財政難によってかなわなかったために、公立大学を持ち続けることになる。旧制専門学校をどうするかでも地域の対応は様々だった。大学昇格が実現したところもあれば、短期大学の座に甘んじつつ、最終的には四年制大学の昇格を達成したところもある。

もちろん、積極的に公立大学を新設したところもないわけではないが、地方財政が厳しさを増す中で、多くの県では医科大学を中心に国立移管を進めていったのである。これはある意味、公立大学無用論ともいえるだろう。平成期に入ると公立大学の新設ラッシュを迎えたのとはまったく異なる政策判断が下されていたのだった。本章では、学制改革以降から一九八〇年代に至るまでの自治体と大学の歴史を眺めることとする。

公立大学の数は、一九六七年には三九と全体としては増加の一途を遂げていた。一方、国立大学への移管も進み、一九七二年までに一二大学が国立となった。つまり、自治体の中には積極的に公立大学を設置したところもあれば、とりあえず公立の旧制専門学校を大学化したものの、国立に移管してしまったところもあるのだ。

第一章で示した新制国立大学の設置に関する一一原則のうちの七番目に記された「公立の学校を国立大学の一部として合併したい希望がある場合には、所要の経費等について、地方当局と協議して定める」については、明治以来の悪しき「慣例」を引き継ぐものとなっていた。

自治体側からすれば公立大学を手放す最大の要因は財政負担の大きさだった。戦後、日本の地方自治制度はアメリカの制度を参考に民主化された。自治体のトップである知事や市町村長、そして議会議員はすべて住民の直接選挙によって選ばれるようになった。様々な公共サービスの担い手として自治体の体制整備も図られたが、サービスを提供するための財源は国に依存する割合も高く、また、朝鮮戦争特需後の不況なども重なり、一九五〇年代後半からは大変厳しい状況に陥っていた。一九五六年には都道府県の中で三四が赤字団体となっていたのである。

†国立移管された公立大学――静岡県、茨城県、岐阜県……

最初に公立大学を手放したのが静岡県だった。一九五一年に県立の静岡農林大学が静岡大学農学部として移管されている。静岡農林大学の前身の静岡農林専門学校は、戦後の食糧増産が急務とされた中で一九四七年発足と旧制専門学校の中では後発だ。

静岡県の場合、国立大学への移管を前提に施設整備などを行い、一九五〇年に大学に昇格をさせ、公立大学としての新入生の募集も行わずに翌年には国立に移管されたのである。これはある意味、国策のために自治体が財政負担を自ら進んで行ったということになる。静岡県は他県よりも財政状況は良好であった。大学は県、それも特に財政当局にとってはお荷物だったのだろう。

しかしながら、静岡県の大学に対する姿勢はその後一変する。一九五三年には私立の薬学専門学校を県立に移管したうえで静岡薬科大学を、一九六七年には短期大学を昇格させた静岡女子大学を開学し、この二大学と短期大学を統合して一九八七年には静岡県立大学が誕生している。また、いわゆる公設民営方式で二〇〇〇年に誕生した静岡芸術文化大学は二〇一〇年に公立化し、静岡県が設立した公立大学法人によって運営されている。

さらに、二〇二〇年には県の農林大学校を母体として静岡県立農林環境専門職大学を設置している。もし、静岡農林大学を県立として存置していれば、専門職大学の開設は必要なかったのかもしれない。時代の変化に応じて政策を転換したということなのだろうが、長期的な政策の一貫性は残念ながらみられない。しかも、二〇二一年には県内で四つ目となる静岡社会健康医学大学院大学を開学させているのだ。

次に国立移管が行われたのが茨城県だ。こちらは静岡県とは多少事情を異にしている。食糧不足が深刻化する中で、地元選出の国会議員らが海軍航空隊の跡地を利用して私立の旧制霞浦農科大学を申請した。一九四六年五月に認可されたものの一年余りで破綻し、国会議員が公職追放されたこともあって存続が困難となったため、やむなく茨城県が一九四九年に引き取り、三年後の一九五二年に茨城大学に移管されたのだった。

岐阜県では国立移管が二回行われている。最初は一九五二年、岐阜県立大学工学部の岐阜大学への移管だった。当時の岐阜県の財政状況は、他の都道府県に比べれば良好なものだったが、教員の側からは少ない県費ではスタッフや設備の充実が図れないとの不満の声が上がり、また、学生の大半が愛知県など県外出身者で占められていたということもあって、工学部を手放したのだった。

医学部に関しては地域医療の担い手として重要視され、この時点では移管は見送られ、岐阜県立医科大学として再編されたが、工学部移管からわずか四年の後に、岐阜県は医科大学の国立移管を文部省に要望している。

一九五三年には広島県立医科大学が広島大学に移管されたが、文部省から今後公立大学の国立移管は行わないとする通達が出された。その時点で交渉が続いていた愛媛県立松山農科大学、香川県立農科大学及び鹿児島県立大学（医学部、工学部）は認められたものの、その後約一〇年間、公立大学の移管は行われなかった。

†国立に移管するにも金が必要

一九六四年から一九七二年にかけて六つの公立大学が国立に移管された。これらは移管順に岐阜県立医科大学、神戸医科大学、山口県立医科大学、島根農林大学、兵庫農科大学、三重県立大学である。一九五〇年代の移管と合わせると一二の公立大学（岐阜県の二つの移管は元が同じ大学のため一つとカウント）がなくなったこととなる。移管された一五学部の内訳は、医学部と農学部がそれぞれ六、工学部が二、水産学部が一だった。

ここにもまた財政負担の問題が見え隠れしている。どの学部もいわゆる理系学部であり、特に医学部は自治体にとって財政負担が大きかったのである。また、移管を巡っては、地元選出の国会議員が県や大学の意向を受けて、国に対して積極的に働きかけるといったこともあからさまに行われていた。

文部省は、移管を希望する大学に関する実態調査を行い、一九六〇年度予算には岐阜県、兵庫県、山口県の医科大学に関する移管を前提とする調査費が計上されたが、なかなか具体的な成果を挙げることができなかった。この頃、自治体だけでなく、国も財政状況はけっして良好ではなかったのである。

三県では知事や県議会が再三文部省に要望するものの、事態はなかなか前に進まなかった。そこで、一九六二年八月には三県選出国会議員からなる「兵庫、山口、岐阜各県国立移管促進協議会」が結成された。会長に就任したのは自民党の副総裁を務めた岐阜県選出の大物政治家、大野伴睦である。この頃、山口県には総理を務めた岸信介がいた。このほか、文部政務次官の田中啓一も岐阜県選出だった。これら有力政治家の強い後押しもあって、三医科大学とも一九六四年に国立移管が実現した。

文部省は、一九六〇年代に入ると国立移管を認めるようにはなったが、国が定めた国立文教施設整備計画の基準を満たしていることが移管の条件とされたため、施設整備などで自治体はこれまで以上に多くの財政負担が求められた。ある程度、財政状況が良くない限りは国立移管が進められなかったのである。

岐阜県では、移管の条件がはっきりしないうちに政治的に決着したこともあって、その後、文部省との交渉が難航する。教育学者の高橋寛人の『20世紀日本の公立大学』によれば、岐阜県と文部省で以下のようなやりとりがあったとされている。

1963（昭和38）年当時は県が13億5千万円かけて整備するという約束であったが、その後文部省は岐阜県庁舎を国に提供すること、加えて20億円の整備を支出するよう要求した。しかし県当局は、庁舎を明け渡すことはできないし、5億4千万円以上は出せないと答えた。この間1966（昭和41）年秋の県知事選によって知事もかわった。岐阜県当局と文部省との間で、最終的に移管条件について合意を見たのは1968（昭和43）年3月であった。

これは、国立学校設置法の改正により岐阜大学医学部の設置が決定してから四年後であった。県は総額10億3400万円かけて施設・整備を充実し、1970（昭和45）年度末までに国に対し移管を完了するというものであった。

大野が一九六四年五月に急死し、中央との大きなパイプを失ったことは岐阜県にとって痛手だったが、文部省の要求も尋常なものとは思われない。特に県庁舎を明け渡せというのはどういう意図があったのだろうか。

当時、岐阜県庁は岐阜市郊外の藪田地区に移転が決まり、市の中心部の司町にあった庁舎は本庁としての機能はなくなるものの、岐阜県としても出先機関として活用することを考えていた。二〇億円＋庁舎というのはさすがに文部省もふっかけ過ぎだっただろう。

このように、岐阜県、兵庫県、山口県、そして一九七二年には最後に三重県で医学部の移管は実施されたものの、福島県、奈良県、和歌山県では財政的な余裕がなかったこともあって、現在も県立大学の中に医学部が存置されている。

†公立大学と市の衝突

一九五〇年代から六〇年代にかけては、一方で公立大学の国立移管が進み、他方で新たな公立大学の設置が進んだ時代でもある。

一九五五年には旧制専門学校から短期大学を経て金沢市立の金沢美術工芸大学が開学した。当時、美術系の単科大学は国立私立ともわずかであり、公立大学としても一九五〇年創立の京都市立美術大学（現京都市立芸術大学）に次ぐものだった。一九五七年には短期大学が昇格した高崎市立の高崎経済大学と旧制専門学校から短期大学を経た愛知県立女子大学（現愛知県立大学）が開学した。その後も一九六〇年には短期大学が昇格した都留市立の都留文科大学が、一九六二年には短期大学が昇格した下関市立大学が開学した。

この中で、公立大学と市にまつわる事例を三つ紹介する。一つが金沢美術工芸大学設立に際しての事例であり、残りの二つが大学と市当局が正面から衝突してしまった高崎経済大学と都留文科大学に関する事例である。

†道楽息子は養子に出すべきか——金沢美術工芸大学の場合

公立大学協会が二〇〇〇年に刊行した『地域とともにあゆむ公立大学——公立大学協会50年史』には、興味深いエピソードが数多く紹介されている。その中のコラムのタイトルの一つが、この「道楽息子は養子に出すべきか」である。

金沢市は江戸時代には日本海側の文化の中心地として栄えた加賀一〇〇万石の城下町で、加賀友禅や九谷焼、金箔など伝統工芸が今に息づいている。終戦直後に北陸海軍館を美術館に転用する運動が起き、一九四五年一〇月に石川県美術館が開館した。その後、市立の美術学校を作る運動が展開され、一九四六年一一月には金沢美術工芸専門学校を設立した。

これは美術系の専門学校としては全国四番目だった。金沢市は、江戸時代には江戸、大阪、京都に次ぐ第四の都市で、旧制高等学校も第四であった。どうも金沢には四という数字がついて回っているようだ。

一九四九年三月の金沢市定例議会で石川県立高等工芸学校と金沢美術工芸専門学校を統合することが承認され、一九五〇年に金沢美術工芸短期大学が誕生した。しかしながら、コラムによれば翌年の九月議会では短期大学を輸出産業へ直結させよという意見が出され、一九五二年には、市内からの進学者が三割しかいないことや市立高等学校に比べて相当経費がかかることなどが問題とされた。

これに対する当時の市長と議員のやり取りが大変興味深いので、コラムの中からそのやり取りを引用する。一九五二年三月、井村重雄市長は、

やはり例えば人間生活の中から考えてみても、まあ無駄の一つくらいあってもいいじゃないか。（中略）少しぐらい阿呆なところがあってもいいではないか。金沢の予算には美術大学の一つもあっても、あまり叱らずに捨てていこうというおおまかな気持ちでやっていただきたいと思う。さらに内容を充実し、できるなら国立移管という手を打っていきたい。

この発言が呼び水となり、議員の一人から以下のような「道楽息子」発言があったのは

一九五三年三月の定例議会であった。

市長は以前、道楽息子の1人や2人はおるものであると表現したように記憶しているが、道楽息子には充分に意見してその更生を待って国や県に養子にやることも一策だし、見込みのない場合は勘当という手もある。底の浅い経済力しか持っていない金沢市にとって、かかる巨額の予算計上は無理ではないか。我々はここで静かに振り出しに戻ってその存廃を考える必要がある。しかも美大には県や国の補助金が一銭もなく、昨年全市のPTAの会費総額が約2700万円であり、もし道楽息子を勘当するならばPTA負担は全免することができる。真に経費の効率的使用に徹するなら、美大の存廃について考慮すべきであると思う。

地方財政が苦しくなると議会から公立大学無用論が噴出するのは珍しいことではないが、学生一人当たりの経費が比較的大きく、産業などへの直接的な貢献が少ないと考えられていた芸術系の大学はとりわけ目の敵にされやすかったのだろう。

一九五五年には四年制大学に昇格したが、市議会では一九六〇年代半ばまで、早急に国立移管すべしとの発言は繰り返された。芸術系の公立大学は、その後、愛知県や静岡県、秋田市などで誕生した。これも金沢市の頑張りがあってのことだ。

†コネ入学問題に揺れた高崎経済大学

戦後、群馬大学が前橋市に本部を置いて設立されたのに対して、前橋市とはライバル関係にあり、北関東の商都である高崎市では経済系の高等教育機関の設置を目指し、一九五二年に高崎市立短期大学を開学した。短期大学は、勤労青年にも門戸を開放するために昼夜開講制をとったことが大きな特徴だった。また、群馬大学には当時、医学部、工学部、学芸学部の三学部だけで、人文・社会科学を学びたい学生は県外の大学に進学するより道はなかった。

一九五五年に初当選した住谷啓三郎市長は、当初は短期大学の廃止を表明したが、学内の反対などによって撤回し、予定通り四年制大学への昇格を進め、一九五七年には高崎経済大学が誕生した。

住谷は一九五九年に再選されると、公約に掲げていた高崎経済大学の校舎移転と新築を実行に移すこととなる。しかしながら経費を高崎市が全額まかなうのではなく、後援会が建築を行い、その際、後援会が銀行から一億四千万円を借り入れ、市は六千万円を後援会に寄付するという形式をとったとしている。国も自治体に負担を転嫁するが、自治体も地元に様々な負担を転嫁するという意味では同じ穴の狢だ。

また、一九六五年にはコネ入学と市長の私学移管発言が大きな問題となった。朝日新聞（一九六五年四月一三日）ではこの件を詳細に伝えている。

同大（高崎経済大学）の今年の入学志願者は6185人で定員200人の30・9倍の激しい競争だった。このため定員の2・5倍に当る508人を合格者としたが、それでも地元の高崎市出身者は7人、群馬県下全体でも20人しか合格しなかった。そこで高崎市は地元優先で補欠入学を認めるよう三月初め大学に要求、これに対し田中学長は、これまでのような地元優先主義をやめ成績順合格を主張、地元の要求にしたがわなかった。しかし、市は市議など有力者から依頼のあった82人の名簿をつくり、とりあえず市推薦の聴講生として入学させ、その後本科生に編入させるよう大学側と話合った。

ところが、大学側は聴講生の面接試験で成績のよくない者にあきらめるよう説明したことから、住谷市長は教授が差別的発言をはいたと大学側に陳謝を迫り、もめた。同大は年間約1億2000万円の予算のうち、約5000万円を市費でまかない、市当局が要求をいれないと予算を出さぬ、とほのめかしたので、ついに田中学長も折れ、この82人全員を入学させることにしたという。

これに対して学生自治会は授業放棄をするなど紛争に発展した。高崎市当局は地元からの優先入学は今年限りとする、聴講生から本科生への編入試験は厳正に行うなどの解決案を示し、四月二九日に全面解決した。このようなコネ入学は、高橋によれば北九州市や横浜市、奈良県などでもマスコミによって報じられているとのことである。

コネ入学が報じられてから三日後の朝日新聞（一九六五年四月一六日）のコラム「今日の問題」の後半では以下のように述べている。

もっとも市側のいう「地元優先」の主張も、市民感情としてわからないではない。かりに百歩譲って地元学生を優先的に入学させるなら、むかしの東京物理学校のように入学後の進級をきびしくして、どしどしフルイにかける方法を講じてもらいたい。それなら「委託生」がふえても、大学の名誉は維持されるかもしれない。高崎経済大の問題は公立大学でも異例のケースだろうが、戦後の大学ブームで地方団体の設立する大学は4年制35校、短大40校にふえている。だが、大学をつくってはみたものの、財政負担に悩む地方団体が少なくない。とくに大学生急増期をむかえて、定員はふやしたいが、財源不足でどこでも維持経営に苦しんでいる。自治省では「地方団体は小、中、高等学校の設置について責任があるが、大学を設置するのは地方団体の任務ではない。自力でつくる能力があり、かつ学科内容が地元の産業に密着したものに限りたい」としている。これも一理のあるところで、文部省はどうも大学新設を気前よく認めすぎてきたようだ。

もちろん、気前よくしてしまったのは、文部省だけの問題ではない。設置自治体の強い意向は当然のこと、それを取り巻く国、地方の政治家、地元経済界などの強い声に押されて、というのはいうまでもない。

†私学移管騒動まで勃発

高崎経済大学の問題はこれで終わりではなかった。七月末には住谷市長が私学移管をほのめかし、これに対して教授会は反対決議を行うとともに田中学長は辞表を提出、学生側も臨時学生大会で私学反対を決議した。

私学移管問題は学園紛争にまで発展したため、文部省は解決案として非公式に以下の四原則を示した（朝日新聞一九六五年九月八日）。

①高崎市は大学を市立のまま存続させ、これまで同大学のために支出してきた程度の財

政措置をとるよう努力する
②父兄、学生側は後援会の強化などいろいろな手段で、市当局の財政が大学存続のため極度に圧迫されないよう努める
③地元の子弟がなるべく入学できるよう工夫する。例えば現在全国10か所で行われている入試をやめ、学生の募集地を制限する。また、地元出身学生の入学金、授業料などを、他地域出身学生より安くする
④学長はだれもが納得する人を選ぶ

これに対しては、紛争の調整に立った高崎市議会と学生側もおおむね了解となった。だが、九月議会で学費や入学金などを大幅に値上げする議案が可決されたことに対して、学生が議場に座り込み逮捕者まで出る事態となった。このような様々な騒動を経て、私学化はなんとか回避された。

その一方で、一九七〇年からは学生定員は倍の四〇〇人となり、現在では一学年九〇〇人と二学部ある公立大学としては最大規模となっている。また、入試の全国展開はこれまで通り実施され、高崎市以外でも札幌、仙台、東京、金沢、名古屋、大阪、岡山、高松、福岡と全一〇会場で行われている。

†高崎市の財政負担はどのくらいだったのか

拙著『公立大学の過去・現在そして未来』では、当時の高崎経済大学に対する高崎市の財政負担の大きさについて、以下のように一定の仮定を置いたうえで試算を行っている。

高崎市史に、高崎市の全体の予算に関する記述がみられるのは一九六六年度の決算以降である。時点の違いはあるが、一九六六年のデータなどを用いて、高崎経済大学の運営経費がいかに当時の高崎市の財政を圧迫する要因となっていたかを明らかにする。

一九六六年度における高崎市における一般会計の歳入の決算額は三三億七四八万円、うち市税が一五億六七〇一万円、地方交付税がその約一〇分の一の一億五七四五万円となっていた。これは、全国の市の中では財政的に余裕のあるほうだ。それでも一九六五年度における高崎市の大学に対する繰入金が五〇〇〇万円だったとすれば、税収の三%、歳入の一%を超過している。また、一九六六年度の歳出決算によれば、議会費は五一四七万円だった。議会にかかる経費とほぼ同額を公立大学に毎年拠出するということに対して、議員の中から異議があがるのは無理からぬことという見方もできるだろう。

コネ入学を求める市議などの発言は言語道断ではあるが、市の財政にとって大学への繰入金は大きな財政負担であることは明らかである。また、一九六五年当時の大学進学率は一三%弱、八人に一人の割合だった。苦学生が多かったとしても、大学生を一種の特権階級と目する一般市民も少なくなかったと考えられる世相の中では、市議などの発言は高崎市民の本音を代弁していたのだろう。

一九五九年当時の大学建設の事業費を二億円とした場合、高崎市の財政負担はどの程度だっただろうか。一九五九年度の高崎市の予算規模を示す資料を入手できていないため、ここでは全国の状況から推測を行うとともに、現時点に置き換えて、いかに負担が大きかったかを明らかにする。

一九五九年度決算における全国の市町村の歳入総額は六三二三億円、一九六六年度は二兆二〇九五億円だった。高崎市も全国と同じ伸び率と仮定すると、

三三億七四八万円（一九六六年度の高崎市の歳入）×六三二三億円÷二兆二〇九五億円＝九億四六五一万円

となる。仮に多く見積もって、一九五九年度の高崎市の歳入額を一〇億円としても二億円は予算規模の二〇%に相当する。一方、二〇二〇年度の高崎市の一般会計予算の規模は一六五五億円、その二〇%は三三一億円となる。これは二〇一九年に国内最大級の舞台を備えてオープンした高崎芸術劇場の総事業費二六〇億円を上回る。高崎芸術劇場は、高崎駅の東口からペデストリアンデッキでつながっている。地上八階、地下一階で客席は最大

二〇三〇席、延べ床面積は二万七〇〇〇平方メートルの規模だ。

また、一九六五年度の一般会計からの繰入金を五〇〇〇万円とすると、二〇二〇年度予算は一九六六年度と比べて約五〇倍の規模となっているので、単純に五〇倍すると二五億円となる。一方、高崎経済大学の二〇一九年度における大学経費は約三〇億円となっている。公立大学に対して、大学予算の八割強となる二五億円を市の一般会計から繰り出すとなれば、市議会の理解はそう簡単には得られないだろう。

これらはあくまで試算であり、実際の姿とは多少異なるだろうが、一九五〇年代後半から一九六〇年代前半にかけて、高崎経済大学の運営が高崎市の財政に大きな負担となっていたことは明らかである。

†百条委員会まで設置された都留文科大学

都留文科大学が誕生したきっかけは一九五三年、山梨県立の一年制の臨時教員養成所が当時の谷村町にできたことだった。一九四七年から一九四九年までに生まれた団塊世代が小学校入学に差しかかる一九五三年以降は教員を大量に採用する必要に迫られたため、全国各地で教員養成が急ピッチで進められた。それは山梨県でも例外ではなかった。

谷村町は翌年、一町四村が合併して都留市となる。昭和の町村合併である。都留市周辺の山梨県東部は郡内地方と呼ばれ、なかなか教員が居付かないともいわれていた。このため、地域住民の強い要望などもあって、臨時に養成所が設置されたが、わずか二年で山梨県は廃止と決めてしまった。これに対して都留市はこの施設を残すこととし、一九五五年、二年制の市立短期大学として教員養成を引き継ぐこととした。

本来は臨時の組織のはずだったものが、一九六〇年に大学に昇格したのだった。発足にあたっては、大漢和辞典の編者であった諸橋轍次博士を初代学長に招へいしたが、小さな市では財政負担にも限りがあるため、関係者の苦労は並大抵のことではなかったようである。高等女学校の二階を校舎として使い、教授陣も引退した教員などを集め、また、認可基準を満たすために、市内の図書の所有者から急遽かき集めて並べたとされている。

都留文科大学は、様々な苦難を乗り越えて開学にこぎつけたが、当初から経営難となり、しかも、都留市からの補助は予算全体の一割強に過ぎなかったこともあって、定員の二倍の学生を入学させ、公立大学の中で最も高い授業料によって、なんとか持ちこたえていた。

事件が起きたのは一九六五年五月二〇日の新校舎落成式の際だった。新校舎の建設費は新入生一人当たり五万円の寄付と地方債によってまかなわれていた。起債の償還の多くは後年度の学生の授業料から捻出されるため、大部分は学生の負担である。それにもかかわらず、落成式の招待者は市の関係者が中心で、大学のスタッフや学生は一〇名をかぎって参加を許されるということで、全学生の八割に当たる一六〇〇人がデモを行うとともに、市長に対して抗議文を手渡したことなどで式は一時間遅れて始まった。

翌日、市議会議長が「落成式に対する不穏事件について」と題する学生と教授会の責任を問う文書を学長に手渡し、回答を求めたのが事の発端である。大学側は学生の行動は懲戒の対象にならないと回答したが、市議会はこの回答に納得せず、教員や学生の処分を求め、地方自治法一〇〇条に基づく都留文科大学調査特別委員会を設置したのだ。

公立大学に関していわゆる百条委員会が設置されること自体が異例中の異例であるが、委員会では学生部長・学生委員の五教員が喚問された。五教員は委員会の出頭要求には応じたものの、大学自治の問題にあたることから証言を回避した。

特別委員会の調査結果に基づき、市長は学長に対し不適任と考える教員の名をあげ、大学側の意見を求めた。これに対して学長は助教授以下も参加できる通常の教授会ではなく、教授のみで構成される人事教授会を開催し、五教員の懲戒免職が決定された。このほか、学生一七人が退学、五人が無期停学処分とされた。

処分された教員のうち、依願退職した二人を除く三人と学生に対する処分の取消しを求める訴訟が提起された。都留市が甲府地裁で敗訴し、市側は控訴したものの最終的には一九六八年一月に免職処分の取消しを行っている。

高崎経済大学も都留文科大学もこのような苦難を乗り越えて現在に至っている。このほか、下関市立大学でも一九六〇年代初頭に下関市が財政危機に陥ったことなどから国立移管や私立移管が模索されたが、なんとか持ちこたえている。これらの大学は、経営を安定化する観点からか、どこも公立大学の中では学生数は多くなっている。

金沢美術工芸大学の事例は、市議会でいかに芸術系の大学が自治体にとって無用の長物のように考えられていたかを示すものである。

ここまで自治体と大学の状況について歴史を振り返る中で、教育の問題なのになぜ教育委員会が当事者として登場しないかといぶかる向きもあるだろう。小学校、中学校、そして高等学校に関しては教育委員会が所管となっているが、大学に関してはそのようになっていないのだ。

†教育委員会でなく、首長の職務権限

一九四八年に制定された教育委員会法では、公立大学を教育委員会の所管から外しているが、それは別に大学管理に関する法律が予定されていたためとされている。一九五一年に国会に提出された「公立大学管理法案」では公立大学参議会が設けられることになっていた。参議会は諮問機関として、首長が大学に関する基本方針を決定する際には意見を述

べる機会が与えられるはずだった。つまり一定程度、首長の独断専行をけん制する効果が期待されていたのである。

結局、この法案は廃案となり、一九五六年に制定された「地方教育行政の組織及び運営に関する法律」では、大学に関することが首長の職務権限として挙げられているだけである。なお、私立学校についても同様に教育委員会ではなく、首長の職務権限である。

このように、公立大学は自治体のトップである首長の意向に大きく左右されやすいという側面があるのだ。高崎市や都留市では、それがネガティブな方向で大学を揺さぶり、金沢市の場合は市長の頑張りによって存続し得たということになる。この辺りは、後ほど触れる東京都立大学や大阪の大学再編などではより顕著な動きとなる。

†国立学校の新設と政治家の関わり

我が国の国立大学は一九五三年以降七二という数を堅持していたが、一九六五年に東北大学教育学部の一部が分かれて宮城教育大学が設置され、一九六六年には北見工業大学が日本最北の国立大学となった。

それ以降、田中角栄の一県一医大構想などによって誕生した国立医大のほかに、昭和期から平成の初期にかけていくつかの地方国立大学が誕生している。これらに関しては自治体からの陳情合戦も少なくなかったが、有力政治家も様々な影響を及ぼした。いわゆる地元選挙区への利益誘導ということである。当時の報道などをみると程度の差はあっても、どこの地域でもみられたものだ。地元の声を届けるという政治の役割からすれば当然ともいえることではあるが、なかには行き過ぎというのも結構あったのだろう。

このことに関しては、教育学者の大谷奨が当時の状況について、地方新聞の報道や国会、地方議会での論戦などを丁寧に調べた先行研究を行っている。大谷の研究成果も参考にしながら、まずは、国立大学の誘致に先駆けて地方で展開された国立高等専門学校の誘致での自治体の対応について触れた後、新構想大学といわれる新しいタイプの大学の誘致について言及する。

戦前から戦後にかけて数多く誕生した旧制専門学校のうち、公立に関しては当然自治体が設立費用を負担していたが、官立であっても施設整備費の一部は自治体などの寄付でまかなわれ、また、土地も地元から寄贈されたケースも少なくなかった。

学制改革によって国立大学に昇格したものもあれば、公立大学となったものもある。戦後誕生した国立大学の多くはいくつかの旧制専門学校が統合されたものである。旧制専門学校はすべてが県庁所在市に置かれていたわけではなく、県内の各都市に設置されていたことなどから、学部ごとにキャンパスがばらばらにあるという、いわゆる「たこ足大学」

となったものが多かった。また、大学に昇格できなかったものの中には一九五〇年に制度化された短期大学に移行したものもあった。

高等専門学校（高専）は、一九六一年に制度化されたもので、実践的・創造的技術者を養成することを目的とした高等教育機関だ。国公私立五七校あって、約六万人の学生が学んでいる。一九六二年に第一期として全国に一二校が誕生した。

国立高専の設置にあたっては、文部省は①産業立地上の条件、②教員確保の方策、③地元の協力体制、④全国的な地域配置、の四つを考慮して決定することとしていた。また、国会の審議でも地元選出国会議員の動きが影響したことを参議院文教委員会（一九六二年三月二〇日）で文部大臣が認めている。社会党の米田勲議員と荒木萬壽夫文部大臣のやり取りは以下の通りである。

米田：この12か所の個所づけをするときに何が条件であったかと言って、さきの委員会で4つの答弁が行なわれたが、そのほかに、これはその地方の出身国会議員の非常に強力な活動が条件の一つにありましたと正直に答弁すべきである、そういうことがなかったかどうか。

荒木：ありました。宇部、長岡以外は、全部ありました。これはまあ当然のことだと思います。地元の住民の気持をいわば代表して、誘致する意思を表示されるという姿において私は受け取りました。例外なしに、全部について猛烈な発言、公表等が行なわれた。米田：文部大臣は正直なところがある。その国会議員の活動をした人は、おおむね自由民主党の党員の国会議員が多い。このこともあなたは認めるでしょう。
荒木：数は多うございましたが、社会党、民主社会党の方々もご発言がございました。

与野党を問わず、地元選出の国会議員は選ばれた一二地域ではもちろんのこと、選に漏れた地域でも地元の有権者からの要請を受けるなどして、積極的に文部省に対して働きかけをしていたのだ。

†国立高専一期校と自治体

一二地域の中で新居浜と佐世保は国立大学キャンパス統合問題と表裏一体の動きがあった。一九三九年、戦時体制下の技術者拡充を図るために、新居浜市に官立高等工業学校（後の新居浜工業専門学校）が設立された。設立にあたっては別子銅山を経営する住友からの寄付のほか、愛媛県は県費二〇万円で寄宿舎を建設し、新居浜市は三〇万円と校地を寄付している。

学制改革によって愛媛大学工学部となったが、たこ足大学の不便さを解消するために松山市にキャンパス統合が進められることとなったため、地元としてはその代償として高専の設置を強く求めたのだった。官立学校を作る際に多額の地元負担を伴っていることを考えれば、新居浜市の主張もうなずけるものではある。

佐世保市には長崎青年師範学校を母体として長崎大学水産学部が置かれていたが、官立の師範学校の前身は長崎県立青年学校教員養成所だった。教員養成所の設置経費はもちろんのこと、水産学部に移行する際も地元、特に佐世保市は多額の負担を行っている。水産学部は一九六一年に長崎市に移転することが決まっていたために、新居浜とともに、一期校となったのだ。

新居浜や佐世保に限らず、一期校の誘致には校地や教員宿舎の提供といった地元負担が伴った。この点についても国会審議をみると明らかになる。参議院文教委員会（一九六一年一〇月二三日）には自治省と文部省の興味深い答弁の記録が残っている。

当時自治省の財政局長だった奥野誠亮（後の衆議院議員で文部大臣を歴任）は、「工業高等専門学校設置については、形式的にはもちろんではございますけれども、実質的にも地方団体の負担とならないような措置を国において講じてもらいたいというようなことで、文書及び口頭、両方をもちまして、文部省及び大蔵省に申し入れをいたしておるわけでご

ざいます。」と答弁している。これに対して荒木文部大臣は、

（前略）国立の学校等を設置しますときに、地元でそれを提供してもらうというのは明治以来の慣行だ。文部省もそう思い、大蔵省もそう思い、地元一般もそう思っていると いうふうな話が出まして、それならば、土地の関係の概算要求はつけないで、概算要求をしよう。（中略）もし地方自治体の負担に帰するようなやり方でやることは形式上も実質上も好ましくないことは当然と心得ます。その間の問題につきましては、大蔵省とも、さらには自治省とも必要ならばよく相談をして善処したい。かように考えておるところであります。

と答弁している。このように文部省は地元負担を明治以来の慣行としつつ、一応地方財政法上は問題があることは認識していたのだ。

この問題と同様のことが自治体間でも表面化する。いわゆる団塊の世代が一五歳となると高等学校の新設が全国で急増し、都道府県が市町村、さらには地元住民に負担を求めたことが顕在化していった。結果として経費の住民転嫁が地方財政法の改正によって禁じられるようになる。

本来であれば、国立学校の用地については国の負担で確保する、あるいは地元自治体に負担させてはならないと法律で規定すべきであったが、明治以来、大学など国の教育機関を設置する際には、自治体間の誘致合戦が活発に展開され、政治家をはじめ多くの関係者が参戦し、用地や費用を負担することも半ば当然のことと考えられていた。

国立学校を誘致したいと切実に願う自治体の立場からすれば、自治省の対応は本音では時にお節介、あるいは流れに棹さすものと疎んじられてきたのだろう。

†長岡・豊橋の技術科学大学——新構想大学の誘致①

一九七六年に長岡技術科学大学と豊橋技術科学大学が開学した。この二つの大学は技術科学大学と称され、高専からの三年次編入生を主に受け入れて、大学院修士課程までの一貫教育を行う新構想大学とされている。新構想大学は、『学制百二十年史』によれば、以下のようなものとされている。

昭和四十三年ごろからのいわゆる大学紛争を直接の契機として、大学の在り方について各方面から多くの問題が指摘され、その改革が強く求められたが、これは、戦後の大学教育の急速な普及や社会経済の変化に対して、従来の大学に対する考え方や制度の枠組みでは対応が困難になっていたことによる面もあった。このため、大学設置基準の弾力化等制度面の改革と並行して、既存の大学の刺激ともなることを期待して、教育上の組織と研究上の組織を区分する試み（筑波大学）や、学長の職務を助ける副学長の設置（新構想大学全部）、学外の有識者の意見を反映するための参与会（筑波大学）や参与（筑波大学以外の新構想大学）の設置などを盛り込んだ、これまでの在り方にとらわれない新しい構想による大学の創設が進められた。

この先駆けが、東京教育大学を母体として一九七三年、筑波研究学園都市に開学した筑波大学である。新構想大学に関しては大学関係者、特に教職員組合からは強い反発が起きたが、その後、国立大学が法人化されていく中で、その内容の多くは好むと好まざるとにかかわらず実装されていくこととなる。

長岡市内にあった新潟大学工学部は、新潟大学のキャンパス再編で新潟市の五十嵐地区に移転することが決定されていた。もともとは一九二三年に創設された旧制専門学校の長岡工業学校が前身だった。新潟県と長岡市が経費の一部を折半して負担し、土地も寄付して完成した官立学校だった。

新居浜や佐世保同様、長岡でも大学のキャンパス統合という動きの中で、地元が国立大学誘致を求めたのは当然の流れではある。地元選出の国会議員だった田中角栄の影響力は当然あったとされている。実際、「長岡だけではまずい、もう一校、太平洋側にも」（朝日新聞一九八〇年一二月二二日）という発言もあって、国立大学誘致を進めていた豊橋市にも設置されたのである。

豊橋市では、技術科学大学構想が発表される前から工業系の大学誘致を青年会議所が中心となって行っていた。誘致活動では、過去の活動や他地域の動きを参考にして、成果を挙げるよう様々な工夫が施される。豊橋市は高専誘致運動で同じ県内の豊田市に敗れたという過去がある。また、国立医科大学の誘致合戦で隣の静岡県で浜松市が静岡市と競って誘致に成功したのは、土地の提供があったからということを学んだようである。これによって、地元負担を前提とした運動を展開したことで技術科学大学の誘致に成功したのだ。

†上越・兵庫・鳴門の教育系大学院——新構想大学の誘致②

次に誕生した新構想大学がいわゆる「教員のための大学」として現役教員の教育・研鑽のための大学院などからなる教員大学だった。一九七八年には二校、新潟県上越市に上越教育大学が、兵庫県社町（現加東市）に兵庫教育大学が開設された。そして一九八一年に徳島県鳴門市に鳴門教育大学が開設された。

上越教育大学に関しては、もともと高田市（現上越市）に地元の負担などによって新潟第二師範学校が置かれ、戦後は教員養成の単科大学として高田教育大学（仮称）の設置を目指していた。一方、新潟県は秋田県、山形県、長野県を含む北日本総合大学構想を掲げ、第二師範学校にも参加を要請していた。ＣＩＥの要請に基づいて文部省が一府県一大学の方針を示したことで北日本総合大学構想は消え、新潟大学教育学部高田分校として前期二年の課程が置かれた。同様に、長岡市内にも教育学部の分校が置かれていた。

新潟大学は、新潟市内のほか、長岡市、高田市にキャンパスを置くたこ足大学だったこともあり、分校の統合が大学執行部によって進められようとしていた。一九六五年三月に大学の統合先を新潟市とする決定が下されたことに対して高田市などで強い反対運動が起こり、高田分校統合反対県民決起大会が開催された。県内の世論も統合賛成と反対に二分される事態となったため、新潟県は新潟大学問題懇談会を設置した。国立大学のキャンパス統合は地元自治体を巻き込む大問題となったのである。

このような状況の中で、新潟県村上市出身で、その後、田中角栄元首相の逮捕時に法務大臣を務めた稲葉修による稲葉私案が九月に示された。その内容は、高田に学芸大学、長岡に工業大学を新設することを条件とする新潟大学の五十嵐地区への全学部・分校の統合移転であった。

新潟市は賛意を示したものの、高田市と長岡市は態度を保留した。その後、一九六六年一月一二日には東京の自宅に新潟市、長岡市、高田市の三市長を招いて、田中角栄が代替案を示して新潟大学の土地買収予算を付けることの了承を求めたと、『上越市史』では述べられている。この代替案の詳細は明らかではないが、長岡には長岡技術科学大学が、高田には上越教育大学が設置されているので、稲葉私案に基づいたものだっただろう。いずれにしろ、稲葉、田中という大物政治家の影響は少なくなかったのである。

新構想大学の議論が表面化すると地元で誘致活動が活発に展開され、一九七五年に高田市と直江津市が合併した上越市内に教員養成大学院大学が設置されることが文部省によって決定された。一九七八年に上越教育大学は開学し、一九八二年、高田分校は閉校した。

兵庫教育大学に関しては、大谷の研究によれば、兵庫県特有の事情があったためとされている。兵庫県では深刻な教員不足に悩まされていて、県立の教員養成大学の設立が真剣に検討されていたことから、新構想大学誘致が進められた。教員需要の大きい過密県であることが決め手とされている。本来は大学院中心の大学だったが、学士課程も併設されることになったのは、兵庫県にとってはプラスに働いただろう。

兵庫県は東播内陸学園都市構想を掲げていて、大学の候補地選定についても積極的に取り組んでいた。当初は社町のほか、三木市、三田市、吉川町なども候補に挙がっていたが、最終的には閑静な地である社町となり、県の土地開発公社が造成した四〇ヘクタールの用地を国は約三一億五〇〇〇万円で一括購入した。

兵庫教育大学は地元自治体からは歓迎された大学であったが、地元の教育関係者は必ずしもそのような反応は示さなかった。上越教育大学では新潟大学に置かれたように、大学の創設準備室は設置場所に近い大学に置かれるのが慣例であったにもかかわらず、筑波大学と文部省に室が置かれるという異例の事態となっていた。これは、新構想大学に関して教員側、特に組合関係の強い反対があったためである。『兵庫教育大学十年史』によれば、その理由として、兵庫県内に新構想の教員大学院大学を設置することに対して神戸大学から積極的賛同が得られなかったことと兵庫県を中心として兵庫県教職員組合や諸団体の反対運動が活発で混乱が予想されたことを挙げている。

徳島県鳴門市に教育大学が開設されたことに関しては憶測を呼んだことだろう。当時、徳島大学教育学部は徳島市にあったが、鳴門教育大学ができたことによって総合科学部に改組された。鳴門市には、一時期徳島青年師範学校が置かれたが、一九五一年には廃止されている。海を隔てているとはいえ、兵庫県とは近い距離にある。なぜ鳴門市だったのだろうか。

鳴門市では塩田の廃止に伴い、地域活性化策として大学誘致を考えていた。国の新構想大学の情報を得て早期から誘致活動を進めていたのである。ただ、上越市ほど教員養成の歴史も長くはなく、兵庫県のような教員不足という切実な問題が顕在化していたわけではなかった。

一九七一年には鳴門市議会に新構想大学誘致促進特別委員会が設置された。国への陳情活動も積極的に展開された。大谷によれば、内藤誉三郎、三木武夫、西岡武夫といった有力者への陳情を続け、一九七四年度予算の創設準備費を獲得するに至ったのである。このうち、三木武夫は、一九七四年に首相となる徳島県選出の国会議員だ。政治的な配慮というものが文部省にまったくなかったとはいえないだろう。

†鹿屋体育大学、北陸・奈良の先端科技大——新構想大学の誘致③

政治家の影響がより明白だったのは鹿児島県に一九八一年に開設された鹿屋体育大学だ。全国唯一の国立の体育大学である。鹿屋体育大学は地元選出で自民党副総裁などを歴任した二階堂進が誘致したとされている。

歴史を紐解けば、鹿屋市がある大隅半島では戦前から国立の教育機関の誘致を進めてきた。戦後も国立短期大学や私立大学の誘致に積極的に取り組んできたのである。

本来であれば、地元の高校生にとって進学しやすい大学、というのが理想だったのだろうが、新構想大学としての教育大学誘致を進め、一九七四年度の政府予算では、上越市、鳴門市、鹿屋市を調査するとなったものの頓挫したのである。教員養成大学設置について、鹿屋市を断念した理由としては、鹿児島大学教育学部との競合、立地条件の悪さ、教官・スタッフの確保の困難が挙げられていた。

一九七六年に国立体育大学調査会が「体育大学の基本構想について」を文部省に報告し、一九七八年に候補地として鹿屋市の名前が上がり、体育大学の誘致となったのである。分野はともかく、国立大学を誘致できたので良しとするということなのかもしれない。

鹿屋市は大学用地の確保に向けて奔走する。一九八〇年九月、市役所内に鹿屋市国立体育大学創設推進室が設置された。総勢五二人というのは鹿屋市の規模を考えれば異例中の異例ともいえる大きな組織である。一三六人もの地権者との交渉は推進室の職員によって精力的に行われた。用地交渉には三年半の年月を要している。現時点に換算すれば、人件費だけで一〇億円以上かけたことになる。国立大学誘致にはこのような表面的には見えにくいコストも自治体が負担しているのだ。この点を大学関係者はもちろんのこと、文部科学省も再認識すべきである。

新構想大学のうち大学院大学も四つ設置された。このうち地方に置かれたのが一九九〇年に開設された北陸先端科学技術大学院大学（石川県能美市：開設当時は辰口町）と翌年に開設された奈良先端科学技術大学院大学（奈良県生駒市）である。学士課程は持たず、主に産学官連携をはじめとする高度な科学技術に関する研究開発を行っている。両大学とも開設が決まったのが一九八〇年代でもあり、ここで触れることとする。

この二つの大学院大学が東京周辺ではなく地方に開設されたのはどのような理由があってのことだったのか。北陸先端科学技術大学院大学は、いしかわサイエンスパークの中核施設となっているが、これは石川県などが整備したものである。地元が誘致したということは明らかだ。

大学創立三〇周年の学長挨拶では、「北陸先端科学技術大学院大学は、森喜朗元内閣総理大臣の強力なご支援と当時の松崎従成辰口町町長の多大なるご尽力により、独自のキャンパスと教育研究組織を持つ日本初の国立の大学院大学として、慶伊富長初代学長のもと、一九九〇年（平成二年）一〇月一日に創立されました」と述べている。

森元総理は一九八三年末から一年弱文部大臣も務め、出身は能美市（旧根上町）である。しかも、大学は創設及び教育研究の進展に寄与した功績が特に顕著であったとして、二〇一四年三月に名誉博士号を贈呈している。森元総理の存在なくしては能美市に大学院大学が開設されることはなかったのだ。

一方、奈良の有力政治家で文部大臣経験者といえば、高専を巡る国会答弁でも登場した奥野がいる。奈良県全県区選出で、文部大臣は一九七二年末から二年弱務めている。だが、奥野が積極的に大学院大学を誘致したということではないようだ。奈良の場合は関西文化学術研究都市の中にある。関係するのは大阪府、京都府、そして奈良県だが、大学の少なさを考えれば、奈良県に置かれるのは必ずしも不自然なことではないだろう。また、奥野は自治事務次官を務めただけに、さすがに北陸における森のような「手厚い」対応はしなかったのだろう。大学のホームページによれば、「本学の創設・振興に深く関わられた故奥野誠亮氏（元文部大臣）のご遺族より「奈良先端大基金」へ寄せられた寄附を原資として」奥野誠亮文庫が開設されたとされている。

†昭和四〇年代以降の公立大学設立の動き

一九六二年の下関市立大学開設以降は、公立大学設立の動きは鈍くなる。一九六五年に県立広島大学の前身となる広島女子大学が旧制専門学校から短大を経て昇格した。また、一九六六年に愛知県立芸術大学が新設され、一九六七年に長崎県立大学の前身となる長崎県立国際経済大学が短大から昇格した。しかしながら、一九六八年以降の二〇年間で新設され、現在まで存置している公立大学はわずかに三つにとどまっていた。これら三大学は、一九七五年旧制専門学校から短大を経て昇格した山口女子大学（現山口県立大学）と一九八〇年に新設された群馬県立女子大学、一九八六年に新設された沖縄県立芸術大学である。

市が設立に関わる公立大学の新設は下関市立大学が開学してから四半世紀以上経った一九八八年における釧路公立大学の発足まで待たなければならない。

一九六四年に文部省と自治省が覚書を結び、公立大学の施設整備に関して起債が認められるようになったが、一九六九年には両省で公立大学の運営に関する覚書が取り交わされ、政令指定都市以外の市町村による公立大学新設の道は二〇年近く閉ざされたのだった。これは財政負担などを考慮して、自治省が市による公立大学の設置を認めないこととしたものだが、高崎経済大学、都留文科大学及び下関市立大学の三つの市立大学にまつわる騒動も大きく影響したのではないだろうか。

†文部省の方針転換

文部省は一九七〇年代には、大学の新増設そのものについてはまだ抑制的であった。それは国の財政状況も一因であったが、一方で、大学進学率は上昇するものの一八歳人口の動向もあって、不確定要素が多かったのである。なんといっても団塊の世代が一八歳に達した一九六六年前後をピークに一八歳人口は増減を繰り返したからである。一九六六年の一八歳人口は二四九万人、それが一九七六年に一五四万人まで減少し、その後はやや増加するものの再び減って、丙午（一九六六年）の世代が大学受験を迎える一九八五年には一五六万人と底を打ち、再度増加すると考えられていた。

一九八〇年代に入ると文部省も大学定員抑制政策を転換し、特に地方での大学の新増設に舵を切った。これは他省庁の動きが先行したためという側面も否定し得ないだろう。

具体的には、国土庁では一九八〇年に大学等の誘致を希望する自治体などからの学園計画地に関する資料を収集して、新増設や地方移転を考えている大学等の関係者の閲覧に供する場として学園計画地ライブラリーを開設し、四〇〇を超える学園計画地が登録された。また、一九六九年に文部省と覚書を結んで、指定都市以外の市町村による公立大学の新設を認めていなかった自治省も、建設省の課長などをメンバーとする大学等適正配置問題研究委員会に加わっている。その後、自治省はまずは一部事務組合方式であれば公立大学の新設を、その後は市単独の場合も認めるようになる。

完全に風向きが変わったのだ。一九八〇年に示されたテクノポリス構想では全国二六か所が指定され、理工系の大学の誘致が各地で行われた。一九八八年の頭脳立地構想では理工系だけでなく、文科系の大学の立地促進も謳われた。このような流れの中で、一九八四年、大学設置審議会大学設置計画分科会は、地方での大学の新増設に関して公私協力方式、国公私協力方式及び一部事務組合方式の三つを示したのである。

公私協力方式は、自治体が学校法人に対して土地や校舎、設備を提供し、経常経費を補助する方式で、その後、全国各地でみられるようになる。

一部事務組合方式で設立された大学の第一号は釧路公立大学だ。これに続いて一九九三年に青森公立大学と宮崎公立大学が設立された。ともに当初は周辺自治体とともに一部事務組合を設立していたが、平成の市町村合併が進んだことなどもあって、現在ではそれぞれ青森市と宮崎市が単独で設置している。

なお、国公私協力方式の大学は設立されてはいないが、強いて挙げれば一九七二年に栃木県に設立されたへき地医療の人材を育成するために四七都道府県が協力して設立した自治医科大学がこれに近いものだろう。

第三章

平成、令和の新設ラッシュ――国策としての大学〝改革〟

†「アメリカの大学」誘致

第二章でもみてきたように、一九八〇年以降、国の大学新設への対応は変化し、自治体も大学誘致だけでなく、自ら積極的に設立を目指すなど、特に地方での大学開設が相次ぐこととなる。ここでは、まず、昭和から平成の時代にかけて、全国各地で誘致が進んだアメリカの大学の日本校を取り上げる。この動きの要因は日米貿易摩擦だった。

日米貿易摩擦は一九六〇年代半ばに日米間の貿易収支が逆転し、アメリカの対日赤字が常態化することで政治問題としてもクローズアップされ、一九八〇年代には牛肉やオレンジ、そして日本車が主な標的となった。このような中で話題となった一つが、アメリカの大学を日本に進出させてはどうかというものだった。一九八六年に、日米の貿易摩擦解消を目的として、両国の国会議員団による日米貿易拡大促進委員会が発足した。名誉会長は鹿屋体育大学でも名前の出た二階堂である。委員会における具体的な交渉内容の中に、アメリカの大学の日本誘致が挙げられたのである。アメリカの約一三〇の大学が日本分校の設置を希望し、日本の三〇以上の自治体がアメリカの大学の受け入れを希望した。日本の若者をアメリカの大学で学ばせることで国際人として養成し、貿易摩擦解消へ向けての人的基盤を整備するということを目的として進められたのだ。これも一種の国策であった。また、昨今のグローバル教育興隆の先駆けとみることもできるだろう。

アメリカの大学の日本分校は、一九八二年のテンプル大学を皮切りに、一九八五年に一校、一九八七年に三校、一九八八年に六校、一九八九年に七校、一九九〇年に一八校が設立されたが、一九九一年になると設立は一校のみとなり、その後は廃校が相次いだ。

これらの多くは、株式会社により設立されたものであり、日本の学校教育法の枠組みの中では大学として認められたものではなく、専修学校扱いというのがほとんどだった。このため、日本ではカギ括弧付きの「大学」となってしまう。

この「アメリカの大学」については、大きく三つに分けられる。一つ目は、一定期間教育を続けて、一応の成功例とされた秋田県雄和町（現秋田市）と新潟県中条町（現胎内市）の事例である。ともに、小さな町が「アメリカの大学」を全力で誘致したものだ。

二つ目は、一応は開設されたものの、学生が集まらず、開校して概ね五年以内に閉校してしまったものである。その多くは都市圏に立地していた。三つ目は、反対運動の高まりなどから開校を断念したものである。

†「アメリカの大学」誘致の三類型

一つ目の代表例が、ミネソタ州立大学機構秋田校（以下「秋田校」という）である。秋田県雄和町が誘致した秋田校は一九九〇年に開学した。雄和町は、テクノポリスの指定を受けるなど、企業立地も進んでいた。町の総合計画にも高等教育機関の誘致が掲げられ、一九八八年に日米貿易拡大促進委員会へ誘致の協力要請を行い、最終的に選ばれたのがミネソタ州立大学だった。

雄和町は寄付金等の受け皿となる学校法人や、寮やアパートなどの設置運営や奨学金の手続きを行う財団法人を設立するなど中心的な役割を担い、秋田県は財政支援や施設の無償譲渡など後方支援を主に担っていた。全寮制で五年の教育プログラムを導入し、初年度こそ定員を上回ったものの、その後は大幅な定員割れが続き、中退率は五割を超え、赤字も大幅に膨らんだことから二〇〇三年で閉校することが決定された。

秋田校設立では後方支援に徹していた秋田県も、寺田典城の知事就任によって積極的な姿勢に転じる。二〇〇〇年には、その後初代学長に就任することとなる中嶋嶺雄東京外国語大学学長を座長とする国際系大学（学部）検討委員会で精力的な議論が行われ、設置形態は県立大学で、秋田校のキャンパスを活用することとした。知事選で寺田が圧勝して再選されたこともあり、二〇〇四年に公立大学法人第一号として国際教養大学は誕生した。雄和町からキャンパスを引き継いだこともあって、秋田県としては開学時の持ち出しは一六億円余りと大学設置費としては安上がりですんでいる。

国際教養大学の教育プログラムの特徴は際立っている。授業はすべて英語で実施、一クラス一五人程度の少人数教育の徹底、在学中に一年間の海外留学を義務化、新入生は外国人留学生と共に一年間の寮生活、専任教員の半数以上は外国人など、これまでの日本の大学にはないものであり、まさにグローバル分野に特化した個性的な大学が誕生したのだった。その後、国際教養大学の取組みを参考とする大学が相次いだ。初年度から多くの受験生を集め、今では国内トップクラスの高い評価を集めている。その一方で、県内出身者の割合は公立大学としてはかなり低くなっている。

このほか、新潟県中条町では、一九八八年に南イリノイ大学日本分校が開校した。ここも学生数が減少して、二〇〇七年三月の卒業生をもって廃校となった。二〇年近く存続したということでは、自治体が誘致した中では最も長寿の「アメリカの大学」だった。残された施設は改修された上で、大学や専門学校を多数運営しているアルビレックスグループ傘下の開志国際高等学校の校舎と学生寮に使われている。

二つ目の代表格が福島県郡山市に一九九〇年開学したテキサスA&M大学郡山校である。当初は、雄和町、中条町と並んで、御三家とも称され、アメリカからの大学誘致の成功例として挙げられることもあったが、一九九四年に廃校となってしまった。この経緯については第五章で改めて紹介する。京都府亀岡市のオクラホマ州立大学京都校と大阪府岸和田市の米国国際大学日本校も同様に廃校に追いやられている。

三つ目が、開校を断念したケースである。例えば、長野県大町市ではミシシッピ州立大学と覚書を交わす段階にまでいったものの、財政計画に不安があったことと、当初支援を約束していた長野県が慎重姿勢に転じたことなどから学校法人の認可が困難となり断念したものである。このほか、北海道では苫小牧市、恵庭市、夕張市、茨城県鹿島町（現鹿嶋市）、愛知県小牧市、富山県黒部市などでも誘致の動きがあったが実現には至っていない。結果的には実現しなかったことで財政負担などを負うこともなかったという意味からすれば、二つ目の三市よりはよかったのかもしれない。

†潮目が変わった大学政策——契機は看護系大学の設置

一九九〇年代以降、特に公立大学が大幅に増加したことは、大学関係者以外ではあまり知られていないだけに驚く人も多いだろう。これは看護系大学のほか、様々な分野に特化した個性的な大学の新設が相次ぐとともに、公設民営大学の公立化も各地で進められたのである。

その一方で、いわゆる改革派首長の台頭と公立大学法人化の動きもあって、いくつかの公立大学は好むと好まざるとにかかわらず、「改革バブル」の渦に巻き込まれていくこととなる。まさに大学政策の潮目が変わったのだ。

一九九〇年代に入り、公立大学の新設が相次いだ最大の要因も国策だった。一九八九年に大蔵、厚生、自治の三大臣の合意によって、ゴールドプラン（高齢者保健福祉推進十か年戦略）が策定されたことがきっかけだった。

高齢化が進展する中で、高齢社会を健康で生きがいを持って、また、安心して生涯を過ごせるよう、高齢者の保健福祉の分野の政策を充実することを目指して、ホームヘルパーの養成や訪問看護の充実など在宅福祉対策に特に力を注ぐことが戦略に盛り込まれた。

一九八九年は消費税が導入された年であり、また、合計特殊出生率の一・五七ショックの年でもある。戦略の中でも、看護人材の数と質の確保が重視され、一九九二年には「看護婦（二〇〇一年に看護師に改称）等の人材確保の促進に関する法律」が制定された。その後、文部省、厚生省、労働省三省合同で、基本的な指針が策定され、この中で、看護系大学の整備促進の必要性が謳われている。促進の意味が示すように、国は看護系大学の整備は極力、自治体や学校法人に働きかけて実施を促すというのが基本的な考え方だったのだ。

昭和の時代には主にブレーキ役だった自治省も、アクセル役として公立大学新設をバックアップしている。一九九二年には、看護系大学等の施設整備費を地域総合整備事業債のメニューである地域福祉推進特別対策事業の対象とするとともに、当該年度の事業費補正も行うなど、手厚い財政支援を講じることで自治体の看護系大学の新設を後押しした。

これにより、公立大学の数はほぼ倍増することとなる。一九九三年から二〇〇〇年までの八年間に誕生した三一公立大学のうち、一八校が看護系の単科大学だった。また、看護系の学部または学科も有する新設公立大学は四つで、このほか、看護系学部を新設した既設の公立大学も六つに及んだ。

一九九〇年代に看護系大学の新設ラッシュとなったのは、ゴールドプランが最大の推進役ではあったが、「アメリカの大学」同様、日米構造協議によって促された公共投資の拡大やバブル経済崩壊後の景気対策の影響も少なからずあったのだ。

その後も看護系の公立大学の新設は各地で進められた。もちろん、専門学校や短期大学を昇格させるなどして看護系私立大学の新設もそれに負けずに行われていった。ある程度の規模の地方都市で、看護系も含めた医療系あるいは社会福祉系の大学がまったくないというのは例外的になりつつあるのだ。

†公立大学にも法人化の波が到来

一九九〇年代は地方分権に向けて大きく動いた時代であった。一九九三年に衆参とも全会一致で地方分権の推進に関する決議が可決され、一九九五年の地方分権推進法の制定、地方分権推進委員会の五次にわたる勧告を経て、一九九九年に地方分権一括法が制定された。国と地方が上下・主従から対等・協力の関係へと大きく変わり、権限や財源が国から地方へ移譲され、国の様々な規制が緩和されるようになったのである。

国から地方への地方分権と共に、車の両輪として推進されていたのが、規制緩和、すなわち、官から民へ、である。イギリスやニュージーランドなどのNPMと総称される様々な行政改革の取組みの中で、注目を集めたのがエージェンシーであった。サッチャー政権の下で、行政効率を向上させるために、各省庁の事業実施部門を企画立案部門から分離独立させて法人とするもので、人事や運営などに関する裁量権を有する組織である。

日本では、独立行政法人として数多くの国の機関が法人化された。独立行政法人制度とは、各府省の行政活動から政策の実施部門のうち一定の事務・事業を分離し、これを担当する機関に独立の法人格を与えて、業務の質の向上や活性化、効率性の向上、自律的な運営、透明性の向上を図ることを目的とするものとされている。これに準拠して国立大学に当てはめたのが国立大学法人制度である。国立大学法人に関しては、すべての国立大学について適用される。

一方、公立大学に関しては、法人化するかしないかについては、自治体の判断に委ねられている。そもそも公立大学法人に特化した法律はない。自治体版の独立行政法人に適用される地方独立行政法人法に基づいた制度が公立大学法人である。学長とは別に理事長を置くことができるなど、国立大学法人とは幾つかの相違点がある。法人化によって首長の影響力はこれまで以上に強まったのだ。

†石原都政と東京都立大学の解体と再編

公立大学に最も強烈なインパクトを残した首長は、石原慎太郎元東京都知事といっても過言ではないだろう。東京都立大学の「解体」と首都大学東京への「再編」はその後の公立大学のあり方にも少なからぬ影響を及ぼしている。

首都大学東京は四つの大学が統合・再編して二〇〇五年に新たに誕生した公立大学である。その前身は、一九四九年に設立された東京都立大学、一九八六年に短大が四年制に移行して開学した東京都立科学技術大学、一九九六年に二つの短大が統合した東京都立短期大学、そして一九九八年に短大が四年制に移行して開学した東京都立保健科学大学である。

石原は、就任の翌年には四大学の統合を打ち出し、これを受けて東京都と大学側は議論を重ね、六学部からなる東京都大学改革大綱を策定した。しかしながら、二〇〇三年に石原が再選されるとこれまでの議論を積み重ねて策定された大綱を一方的に破棄し、同年八月に「都立の新しい大学の構想について」を学長ら大学関係者との調整もなく発表した。

その後の首都大学東京開学までの一年半余りの激しい動きと混乱については、マスコミでも連日のように報じられ、また、これに関する著述も少なくない。特に、大学関係者によるものの多くは、石原都政による大学改革を批判的に論じている。

改革派と称される首長が台頭したのは様々な理由が考えられるが、一九九〇年代の政治情勢が大きく影響しているのは間違いない。その一つは、地方分権の進展である。政治改革と行政改革が国政の大きな争点となる中で、国から地方へという地方制度改革が注目を集め、地方分権改革がクローズアップされたのである。国から地方への権限移譲は、すなわち、自治体のトップである首長の権限が大きくなることを意味する。それまでも国政から地方政治の場へ転身する政治家は少なくなかったが、石原のように国務大臣を歴任し、総理の座を目指した者が東京都のリーダーとなったのは、まさに首長職が「一介」の国会議員よりもはるかに政治的に魅力があるからだ。

改革派首長は、閉塞感が渦巻く現状に不満を抱く有権者の心を摑んでいく。その最大のポイントが「改革」である。改革派首長は、現状維持を主張し改革に異を唱える者を抵抗勢力とレッテルを張り、自らの主張を正当化する。改革は善であり、現状維持は悪であるといわんばかりである。別の言い方をすれば、民主的に選ばれた知事は、既得権益を守ろうとする大学人の意思を忖度する必要がない、ということになるのだろう。

†東京の公立大学トップダウン改革の是非

石原が矢継ぎ早に打ち出した政策の中には、ディーゼル車排ガス規制や羽田空港再拡張など着実に成果を収めたものも少なくない。しかしながら、東京都の大学改革はわずか一五年で修正を余儀なくされてしまったのである。

改革の是非については、大きく、改革の内容に対するものと、改革の手法に対するものに分けられる。東京都の大学改革では、多くの著名な教員が反対声明を出し、また、東京都立大学を去っていったことなどから、大学の外からみると、当事者の大学教員の大多数が改革内容に反対していたようにも思われるが、実際には、東京都立大学以外の三大学学長は、都の方針に賛同し積極的に改革を推進するとの表明を出しているように、大学全体では必ずしも一枚岩ではなかった。

東京都立大学の中にも、自主的な改革の動きはあった。例えば人文学部社会学科による改革の試みがあったものの、自主改革を阻む最大の原因が平等主義にあったとされている。大学の常識は世間の非常識と揶揄されることも少なくない。

この点について、政治学者の大嶽秀夫は雑誌「レヴァイアサン」(二〇〇八年四二号)で、東京都立大学の人文学部における内幕を以下のように述べている。

実は、社会学・人類学系教員は(年配者を除いて)すべて博士号をもち、コンスタントに論文も書き、研究者としての自覚、自負が強い。それに対して人文系学科には語学教員が多数在籍しているが、博士号もなく、論文も書かない教員が少なくなかった。いってみれば研究者というより、教師であると見なされる傾向にあった。(中略)こうした語学教員も、制度的には研究者とみなされ、全く研究をしない教員も同じように研究費をもらい、ほとんど業績がない場合も教授に昇進させるのが慣行になっていた。

このように、石原の改革の内容に決して批判的な者ばかりではなかったにもかかわらず、強引な手法に対しては、学内改革派も反発したのだった。

学内改革派を上手に取り込むことをすれば、また、状況は変わっていたかもしれないとも思われるが、残念ながら改革派首長の多くは外から自分の気心の知れた人材を重用する傾向にあることは否めない。結果として、改革以前と比べても一層の現状維持、悪平等主義になってしまったとの見方もある。

東京都の大学改革の中で、外部から最も注目を集めたのは、その改革内容よりも新しい大学の名前だったのではないだろうか。首都大学東京という名前は、日本の大学名としては極めて異例である。基本的にはどの大学も〇〇大学と最後は大学が付くが、ここでは大学の後に地名である東京がつけられている。

当初は新大学の名称に対する公募で東京都立大学が六四%と圧倒的な支持を受けていたのに対して、四位の首都大学に東京の名称を加えるというトップダウンの手法で強引に決定されたのだった。

ネーミングにこだわるのは、何も改革派首長に限った話ではないが、石原の場合、芥川賞作家ということもあってか、言葉へのこだわりは他の政治家以上にあったのだろう。新銀行東京もその一つだったが、結果としてどちらもその名は後世には残らなかった。

†東京都立大学への先祖返り？

改革派首長が残した足跡を消し去るというのも、その後継者などによって頻繁に行われている。これもまた、改革派首長の特徴の一つである。実際、首都大学東京も新銀行東京も小池百合子知事によって看板が架け替えられている。

二〇一八年度には組織改正が行われ、首都大学東京の目玉の一つであった都市教養学部については、四学系を再編してそれぞれ学部として設置された。これは、旧東京都立大学時代に設置されていた人文学部、法学部、経済学部、理学部が、人文社会学部、法学部、経済経営学部、理学部に置き換わったということである。

法学部と理学部については全く同じ名称だが、新しい東京都立大学では社会学と経営学の存在感を示すためかそれぞれが名称に加えられている。もともと社会学や経営学を専攻する教員がいなかったわけではなく、学内の様々なパワーバランスの中で名称が若干変わったということなのだろう。このほか、都市教養学部とシステムデザイン学部に分けられていた工学分野の再編や新しい学部構成に対応した大学院の再編も行われている。

一五年間の紆余曲折を経て、旧東京都立大学とは表面上はあまり変わらない学部構成となったことについて、大学関係者はどのように感じているのだろうか。特に、改革に強く異を唱え、大学を去ることを選んだ教員は今どのような想いなのだろうか。

改革派首長の特徴の一つが先にも触れたように、抵抗勢力を明確にすることである。多くの場合、改革の実績とは改革したことそのものであり、改革すること自体が目的化する傾向にある。また、改革が生んだ具体的な成果ということにはマスコミやわれわれもあまり関心を示さない。このことが改革派首長を勢いづかせている一因でもある。

石原が旧態依然たる大学を大胆に改革したとのイメージを売り込み、都民の喝采を得ることが最大の目的であったとしたら、その限りでは改革は成功したのだ。これらのことは、ポピュリストと呼ばれる政治家に共通するものと考えられる。そもそも、石原自体がポピュリスト政治家の代表格として見なされている。教育政策についていえば、ポピュリストの声は、大学教授バッシング、大学バッシングにつながったのであり、大阪などの動きとも合致する。

†大阪の大学統合

大阪の公立大学もまた、改革の波の中で大きく翻弄されている。もともと大阪府内には四つの公立大学があった。大阪市立大学と三つの府立大学である。一九四九年に開設された浪速大学は、一八八三年に設置された獣医学講習所を前身として主に理工系の教育を担ってきた大学であり、一九五五年に大阪府立大学と名称が変更された。女子専門学校を前身とする大阪女子大学は一九四九年に、大阪府立看護大学は一九九四年に開設された。

三つの府立大学が二〇〇五年に統合され、新たな大阪府立大学が開設された。翌年には設置者が大阪府から公立大学法人大阪府立大学に変わっている。一方、大阪市立大学は、一九二八年に旧制の大阪商科大学として発足した後、一九四九年に新制の大阪市立大学となり、一九五五年には大阪市立医科大学を編入し、大阪府立大学同様二〇〇六年には公立大学法人に移行している。

この二つの公立大学が改革の俎上に上がったのは、大阪都構想が提起され、特に、大阪府と大阪市の二重行政の解消が大きな争点となったことによる。大阪府と大都市である大阪市のあり方を巡る議論は戦前戦後を通じて再三行われてきた。元々大阪府は大都市である大阪市を解体したいと考え、大阪市は府からの独立を模索していたのであるが、どちらかといえば、行政内部の議論に終始し、住民からは必ずしも高い関心が示されていたわけではない。また、横浜市や名古屋市などでも同様の議論が進められていて、むしろ大都市を府県から独立させるべきという声のほうが強かった。

これが、二〇一〇年に大阪維新の会が大阪都構想を提起し、二〇一一年四月の統一地方選挙と一一月の大阪府知事・大阪市長のダブル選挙で圧勝したことによって、様々な行政分野におけるいわゆる二重行政の問題が多くの住民にも認識されるようになり、大学の分野でも大阪府立大学と大阪市立大学のあり方が争点として取り上げられるようになった。

大阪府立大学と大阪市立大学の統合に関しては、二〇一二年五月に新大学構想会議が大阪府と大阪市によって設置され、翌年一月には新大学構想〈提言〉が作成されている。その後、大阪市会で大学統合関連議案が否決され、当初目指していた二〇一六年の大学統合は延期となった。

二〇一五年の大阪都構想を巡る住民投票は僅差で否決された。そこで大学統合に関する議論は止まるかに思われたが、その後も大学統合の流れは変わらず二〇一九年四月には二つの公立大学法人がまず統合され、公立大学法人大阪が設立された。そして二〇二二年四月に、公立大学としては学生数約一万六〇〇〇人と最大規模になる大阪公立大学が開学したのだった。

†府市合わせの統合の先に

大阪府立大学と大阪市立大学の統合に関しても、東京都立大学同様、大学の中では反対する声も少なくなかったが、全般的には府民や市民を巻き込んだ大きな反対運動とはならなかった。この点は東京と同じともいえよう。

統合問題では、大学の運営費交付金を大阪府も大阪市も拠出し続けることが問題であるということもいわれていたが、公立大学の財政システムをみれば明らかなように、学生数に応じた額が普通地方交付税の基準財政需要額に加えられる。大阪府や大阪市の実質的な持ち出しはそれぞれの財政規模からみれば必ずしも大きなものではない。この点も誇張して改革の必要性が叫ばれた側面は否めない。

一方、大学の統合自体を否定的に考える住民は決して多くはないのが現実だ。学生定員が大幅に削減されれば話は別ということになるだろうが、多くの大学で時代の変化に的確に対応し、社会のニーズに合致した、というようなお題目の下で、学部の改組が国公私立を問わず行われている。国際、グローバルから文理融合、ライフサイエンス、データサイエンス、社会システム、デザインなど様々な冠をつけた学部や学科が全国各地の大学で設立されている。

また、市町村合併や金融機関の統合など、組織の再編・統合は身近なところで起きている。人口減少時代に現状の組織のままで存続させることは困難で、なんらかの変更は不可避という認識は多くの人が抱いている。統合は生き残りのために不可欠なものであり、それは大学であれ、自治体であれ例外があってはいけないと支持率の高い首長が訴えれば、多くの有権者はイエスということになるのだ。

大学についても、大阪では二〇〇五年には三大学が統合して大阪府立大学が再編されている。また、国立でも地元では大阪大学と大阪外国語大学が二〇〇七年に統合している。大阪府民にとって、大学の統合というのは決して唐突なものではなく、経営の効率化などが期待されるということとなれば、大学の外から反対する声は大きくならない。また、このことは、全国どこでも多かれ少なかれ該当するのだろう。

二重行政の問題に関しても、例えば府立図書館と市立図書館が二つで無駄が多いということから館そのものを減らして一つということになれば、サービスの低下につながるとして住民の反対運動も盛り上がるだろうが、大学の統合の場合、大学名という看板は変わっても、キャンパスそのものが廃止となることはまずなく、学部等が改組されるにしても基本的に大幅に少なくなるということは実際には起きていない。教職員数に関しても同様である。公立大学の統合が直接、地域住民の生活に影響するということはほとんどないのだ。

統合に向けた議論の進め方などについては、少なからず問題があったと多くの指摘がされているが、地方政治の世界では、大阪維新の会の圧勝が続き、結局のところ、大阪では大学の自治に地方自治が勝ったということなのかもしれない。

しかしながら二〇二〇年一一月に実施された二回目の住民投票でも大阪都構想は再び僅差で否決された。この結果を最も喜んでいるのは他でもない東京都立大学の関係者ではないだろうか。もし住民投票で構想に対する賛成が過半数となれば、数年後に大阪都が誕生し、大阪都立大学という名称が選択されると考えられていた。そうなれば都が二つになるだけでなく、都立大学も二つと大変紛らわしい事態となってしまうのだ。せっかく都立大学に戻れたのに似たような名称の大学ができてしまい、いい迷惑だと思っていた教員も少なからずいただろう。

このほか、横浜市立大学でも当時の中田宏市長の下で行われた大学改革で、様々な混乱をきたしたとされている。「組織いじり」は、対外的な痛みは伴わず、比較的分かりやすい形で有権者にその「成果」を示すことが可能なだけに、庁内はもちろんのこと、公立大学という自治体にとって微妙な立ち位置にある組織もターゲットとなりやすいのだった。

†特定分野に特化した九〇年代の新設公立大学

時代が平成に変わると、自治体も積極的に公立大学を設置するようになる。数として多いのが先に述べた看護系大学の新設であり、このほか、大学がこれまで少なかった県での新設や国際教養大学のような特定の分野に特化した大学の新設もみられるようになった。ここでは看護系単科大学以外の状況をみることとする。

一九九〇年には富山県立大学と奈良県立大学が開学した。富山県は、昭和の時代には富山大学と、その後統合される富山医科薬科大学の二つの国立大学だけだった。平成に入って私立の高岡法科大学が一九八九年に開学し、一九九〇年には短期大学から昇格した富山県立大学と私立の富山国際大学が開学した。富山県立大学は当初工学部だけだったが、二〇一九年に看護学部が設置された。

奈良県でも短期大学が昇格した奈良県立商科大学が開学した。既に奈良県立医科大学があったので二つ目の公立大学だ。二〇〇一年には奈良県立大学と名称を変更し、地域創造学部を設置した。

一九九二年には福井県立大学と福岡県立大学が開学した。福井県立大学は日本海側では唯一の海洋関連学部である海洋生物資源学部が置かれるとともに、二〇二五年に恐竜学部（仮称）の設置を目指している。この学部が誕生すれば、恐竜に関するものとしては全国初ということになるだろう。福岡県立大学は短期大学が昇格したもので、人間社会学部と看護学部が置かれている。福井は永平寺町と小浜市に、福岡は田川市にキャンパスが置かれている。両大学とも地域バランスも考慮しているようだ。

一九九三年には四つの公立大学が開学している。岡山県立大学は公立大学としては初のデザイン学部を設置し、総社市にキャンパスがある。青森市は唯一県庁所在市で国公立大学がなかったが、青森公立大学ができたことで解消された。会津若松市は教育系大学の誘致で鳴門市に負けたが、日本初のコンピュータ専門大学である会津大学を設置した。宮崎公立大学は日本でも数少ないリベラル・アーツ教育を行っている大学だ。

一九九四年に開学した広島市立大学は新設で、二〇一九年には大学院に平和学研究科を設置した。一九九五年に開学した滋賀県立大学は短期大学が昇格したもので、国公立大学としてははじめて環境の冠をつけた環境科学部を設置している。

一九九七年には宮城大学と前橋工科大学が開学した。宮城大学は事業構想学部という事業を企画する人材の育成を担い、その技術体系を教育研究する学部を設置した。昨今、イノベーションや起業などを標榜する学部・学科・コースなどが国公私立問わず数多く誕生しているが、宮城大学はその先駆けともいえる存在だ。前橋市立の前橋工科大学は、短期大学からの昇格で略称はＭＩＴだ。

一九九八年に新設された岩手県立大学は、二つの県立短期大学を併置したうえで、国公立大学としてははじめて政策の冠をつけた総合政策学部を設置している。一九九九年には秋田県立大学と県立長崎シーボルト大学が開学している。秋田県立大学は秋田市、由利本荘市、大潟村の三か所にキャンパスを置いている。県立長崎シーボルト大学は長与町に置かれ、国公立大学としてははじめて校名にカタカナを用いている。

一九九〇年代の特徴は、全国的にも珍しい、あるいは先駆的な学部を設置するケースが多く、また、その所在地も県立大学であっても、県庁所在市以外にキャンパスを置くケースが増えているということだ。

†二〇〇〇年から二〇一〇年代にかけての新設公立大学

二〇〇〇年以降についても、看護系大学や私立大学が公立化したものを除いて、その状況をみることとする。二〇〇〇年には島根県立大学と公立はこだて未来大学が開学した。島根県立大学は短期大学が昇格したもので、松江市、出雲市、浜田市に三つのキャンパスを置いている。公立はこだて未来大学は、情報系の単科大学で函館市を中心とした広域連合が設立主体の大学である。

二〇〇一年には尾道市立大学と情報科学技術大学院大学が開学した。尾道市立大学は短期大学が昇格したもので、芸術文化学部がある。情報科学技術大学院大学は、公立大学初の大学院大学で、大垣市に置かれた。

二〇〇四年には前述の国際教養大学が開学するとともに、公立大学法人制度ができたこともあって、法人化に伴う公立大学の統合がはじまった年でもある。

二〇一〇年代にかけての統合後の大学については以下の通りである。なお、かっこの中は統合前の大学である。

［二〇〇四年］
兵庫県立大学（神戸商科大学、姫路工業大学、兵庫県立看護大学）
［二〇〇五年］
首都大学東京（東京都立大学、東京都立科学技術大学、東京都立保健科学大学、東京都立短期大学）
山梨県立大学（山梨県立看護大学、山梨県立女子短期大学）
大阪府立大学（大阪府立大学、大阪女子大学、大阪府立看護大学）
県立広島大学（県立広島女子大学、広島県立大学、広島県立保健福祉大）
［二〇〇八年］
長崎県立大学（長崎県立大学、県立長崎シーボルト大学）
［二〇〇九年］
愛知県立大学（愛知県立大学、愛知県立看護大学）

二〇〇五年以降も公立大学の新設は続く。二〇〇五年は短期大学から昇格して石川県立大学が石川県野々市町に開学した。二〇〇六年には高専を昇格させた札幌市立大学と東京都が設立母体の産業技術大学院大学が開学した。

二〇〇八年以降は短期大学を昇格させた公立大学が次々と誕生した。これらは、新潟県立大学（二〇〇八年）、福山市立大学（二〇一一年）、秋田公立美術大学（二〇一三年）、長野県立大学（二〇一八年）、小松公立大学（二〇一八年）である。もちろん、短期大学を単純に昇格させたというよりも新たな学部、学科を加えたところがほとんどである。

✝公設民営大学の設置と公立化

公設民営とは、一般的には国や自治体が施設を設置し、その管理運営を民間が行う形式のものである。公設民営大学に関して、特段法令の定義はなく、どの大学を含めるかについても識者によって異なるもので、広くとれば私立大学の誘致も含まれうるとするものもある。また公私協力大学と称されるものもある。

公設民営大学と公私協力大学の違いについては、前者を運営主体となる学校法人の設立を自治体が行う場合とし、後者を既にある学校法人に運営を委ねる場合とするものもある。また、公私協力大学の一形態として公設民営大学を位置づけるものもある。

本書では、自治体における公共施設などに対する公設民営方式では、「民営」の主体に関しては既存の民間団体の場合だけでなく、自治体が自ら設置した第三セクターも含まれる場合が通例のため、この分類の考え方に揃えて、公私協力大学と称されるものも含めて、すべて公設民営大学と称することとする。

公設民営大学では学校法人に対して校舎等の建設費や運営費の一定額を補助するため、議会の議決も必要であり、また、首長の政治的な決断が欠かせない。

公設民営大学に対しては、一種の民業圧迫であるという批判が影響を直接受ける私立大学関係者などから強く示されることがある。特に、公設民営大学が公立化される際には、私立大学などの反発だけでなく、自治体の公費を大学設立時だけでなく、追加で投入するということが住民などから問題視されるのだ。

全国初の公設民営大学は山形県と山形市が主導して一九九二年に開学した東北芸術工科大学といわれる場合が多いが、実際には一九六六年に長野県塩田町（現上田市）によって開設された本州大学（現長野大学）が我が国初の公設民営大学である。一九九〇年代に入ると公設民営大学は全国各地で誕生した。

公設民営大学は、設立時に校舎建設費などに対して多額の補助を地元自治体から受けるとともに、運営に関しても財政面のみならず、人的面などにおいて多くの支援を受けている。一方、大学としての位置づけは私立大学ということもあり、国公立大学に比べると高い学費で、多くの大学で志願者数の確保などに課題を抱えている。

このような状況の中で、最初に公立化した公設民営大学が一九九七年に開学した高知工科大学である。高知県には当時四年制大学は高知大学と高知女子大学だけで、特に工学部の設置に関する地元の要望は強いものがあった。一九九一年に当選した橋本大二郎知事の公約の中にも工学系大学の設置が盛り込まれていた。

自治省の整備の審査基準における一都道府県あたりの標準設置数は、人口二〇〇万人以下で四年制大学一校とされていた。高知県内には、すでに高知女子大学という公立大学があるため、新設の公立大学という選択肢はなかった。また、高知女子大学に工学部を増設する一案もあったが、共学化に関しては、大学内外での調整に相当な時間を要することが予想されたため、高知県が約二五〇億円の設置経費を負担して私立大学として開学したのだ。

高知工科大学は二〇〇九年に公立化した。公立化したことによって、授業料は国立と同じレベルとなり、志願者は激増した。これによって、公設民営大学の公立化は一気に進むこととなる。翌年には浜松市の静岡文化芸術大学と沖縄県名護市の名桜大学が公立化した。

その後も公設民営大学の公立化は進んでいく。二〇一二年には鳥取公立大学（現公立鳥取環境大学）が、二〇一四年には長岡造形大学が公立化した。二〇一六年には成美大学から福知山公立大学に名称が変更され、また、山口東京理科大学から山陽小野田市立山口東京理科大学に名称が変更され、それぞれ公立化した。

二〇一七年には全国最初の公設民営大学である長野大学が、そして二〇一八年には諏訪東京理科大学が公立諏訪東京理科大学に名称変更され、それぞれ公立化した。

平成最後の公立化は、千歳科学技術大学が名称変更した公立千歳科学技術大学だった。そして令和の時代に入り、二〇二二年には徳山大学が周南公立大学に改称して公立大学の仲間入りをした。これで一一校目である。さらに、二〇二三年には、これまでの公設民営大学とは異なり、純粋の私立大学である旭川大学が旭川市立大学として公立化されることとなっている。

†二〇二〇年以降の公立大学新設の動き

二〇二〇年以降も新たなタイプの公立大学が誕生している。二〇二〇年には静岡県に農林大学校を前身とする静岡県立農林環境専門職大学が、公立の専門職大学としては初めて開学した。短期大学の制度化以来五五年ぶりの新しいタイプの大学として二〇一九年度に誕生した専門職大学は、特定の職業のプロフェッショナルになるために必要な知識・理論、そして実践的なスキルの両方を身に付けることのできるタイプの大学である。これまでの大学よりも実習などが重視されている。

二〇二一年にも四つの公立大学が新たに誕生した。三条市立大学は、金属製品などものづくりの街として有名な新潟県三条市が設置した大学で、創造性豊かなテクノロジストを育成することを目指している。静岡県社会健康医学大学院大学は、健康と医療、環境を統合する俯瞰的な視点を機軸とし、健康寿命の延伸に資する教育研究を通じ、国際社会に貢献する「知と人材の拠点」を目指す大学院大学で、静岡県立総合病院に隣接している。

芸術文化観光専門職大学は、兵庫県が豊岡市に設置した公立大学としては二つ目の専門職大学で、演劇を本格的に学べる公立大学としては我が国で唯一とされている。

広島市中区の中心街にあるビルに開設された広島県立の叡啓大学は、社会を前向きに変えるチェンジ・メーカーを育てる「二一世紀型大学」として、一〇〇年先の未来予想図をデザインできるよう、社会を変える「実践力」と世界で通じる「教養力」を培うことを目指し、単位の半分以上は英語による講義科目を履修することが学生には課されている。大学のビルには広島国際大学が入っていたが、東広島に移転後に入居している。

今後も、一八歳人口が減少する中で、地域の特性や今後必要とされる人材育成の分野などを踏まえた個性的な教育プログラムを備えた大学、特に専門職大学や大学院大学などの開設は幾つかの自治体で検討が進められるだろう。

第四章

変わる関係——高等教育は大都市でしか受けられないのか?

†歴史からみえてくる自治体と大学の関係

第一章から第三章では明治から現在に至るまでの、自治体と大学の歴史を詳細に述べてきた。いつの時代も自治体にとって大学とは、招かれざる客とは真逆の、招きたい「賓客」であった。国が設置主体であれば、ほとんどの自治体が是非うちへとばかりに誘致合戦を繰り広げてきた。もちろん勝算がないと判断すれば、早々に戦いの場から退くことがほとんどではあったが。

その一方で、自ら大学を設置しようとする自治体も都道府県を中心に戦前からいくつかみられたが、戦後の地方財政が厳しい時期には公立の地位を返上し、国立移管を求める県が相次いだ。実際に国立移管にこぎつけたのは、ある程度財政力のあるところばかりだった。移管に際しては、施設整備などで国立大学並みに充実させることを文部省が求めたからである。

団塊の世代が一八歳に到達した一九六六年前後をピークに、一八歳人口は減り続けたが、大学進学率は徐々に上昇していった。そして、一八歳人口は一九七〇年代後半以降、若干増加した後に減少し、丙午生まれが大学受験をむかえる一九八五年を底に再び上昇した。公立大学も増加し、特に国策として看護系公立大学が全国各地に誕生した。また「アメリカの大学」や私立大学の誘致も各地で相次いだ。二一世紀に入ると私立大学の誘致は落ち着くが、公立大学の新設は公設民営の私立大学の公立化などを中心に引き続き各地で進められている。

本章では、自治体と大学の関係について、歴史からみえてくる実際の姿についてさらに考察を深めることとする。

†自治体と国立大学の関係は財政次第

国立大学が法人化される前は、自治体と国立大学の関係は建前上、一定の距離が置かれていた。特に財政面では、国の一組織である国立大学に対して、独立した公組織である自治体が支援することは法律で禁止されていた。

一九四八年に制定された地方財政法は、自治体の財政運営や国の財政と地方財政の関係などに関する基本原則を定めた法律である。この中で、国は自治体に財政負担を転嫁するような施策を行ってはならないとされている。

地方財政法一二条では、国が自治体に経費を負担させてはいけないものとして、国の教育施設及び研究施設に要する経費を明示している。

さらに、一九五五年に制定された地方財政再建促進特別措置法（以下「地財再建法」という）では、二四条二項で、国等に対して寄付金や法律などに基づかない負担金など（物品等を含む）を支出してはならないとしている。

赤字団体が続出する中で、財政再建に陥らないようにするためには国と地方の財政秩序は守られなければいけなかったのである。しかし、これまでも再三指摘したように、実態は法律が定めるようにはなっていなかった。明治以来の「慣例」になってしまったような自治体による国立大学用地の提供は、まさに地方財政法と地財再建法に違反する。

戦後、公立大学を国立移管するために県は多額の費用をかけて施設の充実を図った。公立大学である限りは自治体が自前の財源で整備すること自体は問題ないが、国立移管が前提となると違法ではなくても脱法ということにはなるだろう。

もちろん、地財再建法二四条二項では、但し書きとして国への移管などで施行令が示す一定の要件を満たした場合には自治大臣の承認があれば例外とする規定も設けられていた。当時の自治省としては、大学は自治体にとって義務教育とは異なり、必ずしなければいけない事務ではなく、財政的に維持が困難と判断されれば移管もやむなし、と考えていたのだ。

†変わる、自治体と国立大学の関係

財政状況が好転していくと、財政秩序を厳格に守る枠組みは、自治体にとって窮屈なものとなっていく。地域の産業振興などで産学官連携が重視されていくと、国立大学、特に理工系や医学系の学部や研究部門は自治体にとって重要なパートナーとなる。自治体でも工業試験所や農業試験所など試験研究機関は数多く置かれている。共同研究を進める際などには、自治体も一定の財政負担をすることは組織内では合意形成ができても、寄付の禁止に関する法律の規定がネックとなって産学官連携も十分な成果が得られないこととなる。

このため、自治体の外に財団法人などの別組織を設けて、そこを経由して財政負担するといったように迂回して国立大学に支援するところが増えてきたのである。このようなやり方に関しては批判も少なくなかった。

二〇〇七年に、「地方公共団体の財政の健全化に関する法律」が制定されて地財再建法は廃止された。当初は、附則に従前の地財再建法の規制が存置されたが、翌年の政令により、自治体からの要請で国立大学の研究開発機関との連携や国立大学が医療の提供をする場合について、補助金等による経費の負担だけでなく、必要な土地、施設もしくは設備を寄附することも認められた。

さらに二〇一一年に「地域の自主性及び自立性を高めるための改革の推進を図るための関係法律の整備に関する法律」が制定され、附則が削除されたことで、国立大学に対する支援については、自治体の自主的な判断に委ねられることになった。

†自治体と公立大学の関係

自治体と公立大学の関係は、もともとはシンプルなものだった。公立大学法人の制度ができるまでは、いわゆる直営で都道府県や市の内部組織に過ぎなかった。大学の教職員も自治体職員であり、予算も他の部局同様、予算要求を行い、予算査定の結果、大学に配分される全額が確定する。

これが、公立大学法人化されると教職員は法人職員となり、地方公務員の枠から外れることとなる。また、自治体と別組織である公立大学法人が大学を運営するが、法人自体は税の徴収などを行うものではなく、自治体からの運営費交付金と授業料などで大学運営を行うことになる。

この場合、運営費交付金と直接つながっているわけではないが、地方交付税の基準財政需要額に所要額が盛り込まれることによって財政措置が行われている。具体的には、一定の基準に基づき算出された学生一人当たりに要する経費（単位費用）に公立大学の学生数を乗じて自治体ごとに算出されている。国立大学の運営費交付金や公立大学の決算などを参考にして単価ともいうべき単位費用が算定されているが、授業料や入学金などに相当する額を除くと社会科学系では一年当たり二〇万円ほどなのに対して、医学系は三七〇万円を超えるなど分野間での差は大きくなっている。

二〇二二年現在、九九ある公立大学のうち、公立大学法人が設置主体となっているのが八八、いわゆる直営が一一となっている。八八のうち、広域連合によるものが一、一部事務組合によるものが二で、直営の中でも一部事務組合が設置主体となっているのが二となっている。

広域連合や一部事務組合では、複数の市町村が加入していて、このうち村も一一ある。一方、実際の財政負担は地方交付税措置の関係などもあって中心となる市が全額拠出している。また、公立鳥取環境大学のように鳥取県と鳥取市が公立大学法人の設置主体というところもある。

このように、公立大学の運営に関わっている自治体は四三都道府県、三九市（うち指定都市九）、一一町、一一村の一〇四団体に及んでいる。

†自治体と私立大学の関係

私立大学は学校法人が設置するものであり、基本的には民間セクターである。税制上の優遇措置はあるものの、基本的には自治体とは私企業などと同様の関係となる。高等学校までの私立学校については自治体が所管しているが、大学については文部科学省の管轄だ。

補助金などの名目で私立大学に支出しようとする場合、予算に計上されることから、議会の議決は当然必要となる。土地の売却の場合、例えば都道府県であれば、二万㎡以上かつ七〇〇〇万円以上の契約となる場合は個別に議決を経る必要がある。

ここでは、公設民営大学の設置に関してどれだけ自治体が負担しているかについて、二〇二三年度に旭川大学の公立化を控えている旭川市の検討資料を参照する。私立大学の公立化に限った話ではないが、何か新しい政策を実行しようとする場合、外部の有識者などを入れた検討委員会で議論が進められるのが通例である。資料は二〇一七年二月二日に開催された第一回旭川大学の公立化検討に関する有識者懇談会で使われたものである。

これによれば以下のような財政負担が示されていた。

高知工科大学（一九九七年開学）高知県が二五〇億円を出資

静岡芸術文化大学（二〇〇〇年開学）静岡県が二六〇億円、浜松市が一〇〇億円を出資

名桜大学（一九九四年開学）沖縄県が一〇億円、名護市が五三億円、その他一一市町村が三億円を出資

公立鳥取環境大学（二〇〇一年開学）鳥取県が一〇〇億円、鳥取市が一〇〇億円を出資

長岡造形大学（一九九四年開学）新潟県が二五億円、長岡市が七五億円を出資

福知山公立大学（二〇〇〇年開学）福知山市が二七億円を出資

山陽小野田市立山口東京理科大学（一九九五年開学）短期大学の設置時に山口県が二・五億円、宇部市が五億円、小野田市が二八億円を、大学改組時に山口県が一七・五億円、小野田市が一七・五億円を出資

七つの大学のうち、最も少なかったのが福知山公立大学で二七億円、これはもともと私立短期大学を前身としていたため、施設整備などの面で他に比べると財政負担が大きくな

かったためだ。二番目に少ないのが名桜大学の六六億円、一方、最も多かったのが静岡芸術文化大学の三六〇億円、次いで高知工科大学の二五〇億円となる。これら七大学の平均は短大時の分も含めて約一五四億円となる。

†大学教員出身の首長

これまで自治体と大学の関係を国公私立ごとにみてきたが、自治体の中には、大学教員出身の首長もいる。ここではこの点を少し眺めてみることとする。

戦前、大学教員の首長といえば東京高等商業学校の教授を務め、その後大阪市長になった関一が代表格だ。ちなみに関の孫の淳一は大阪市立大学医学部の講師などを経て二〇〇三年から二〇〇七年まで、祖父同様大阪市長を務めている。

戦後は、いわゆる革新自治体の時代に大学教員経験者が何人か知事を務めている。その代表格はなんといっても二八年間も京都府知事の座を守った蜷川虎三だ。京都帝国大学教授などを歴任し、日本社会党や日本共産党などの支援を受けていた。

一九七〇年代には東京都の美濃部亮吉知事（東京教育大学教授）、大阪府の黒田了一知事（大阪市立大学教授）、香川県の前川忠夫知事（香川大学教授）、神奈川県の長洲一二知事（横浜国立大学教授）、島根県の恒松制治知事（学習院大学教授）が大学教員出身の知事だった。

その後、一九九〇年に沖縄県知事に就任した太田昌秀は琉球大学教授を、二〇〇六年に滋賀県知事に就任した嘉田由紀子は京都精華大学教授を、二〇〇八年に熊本県知事に就任した蒲島郁夫は東京大学教授を、二〇〇九年に静岡県知事に就任した川勝平太は早稲田大学教授を務めていた。川勝は、知事の前は公設民営の静岡芸術文化大学の学長を務めていた。全般的に、大学教員出身だからといって、自治体の高等教育政策で特段目立った取組みをした首長はあまりみられないが、川勝の場合は、専門職大学と大学院大学という二つの個性的な公立大学を相次いで設置したことが特筆される。

市長にも大学教員出身は一定数いる。データは古いが、二〇〇一年時点では大阪市、広島市など八人いた。このほか、二〇二一年に横浜市長に就任した山中竹春は横浜市立大学の教授を、前宮城県石巻市長の亀山紘は石巻専修大学の教授を務めていた。

†国公私立大学ごとに異なる家庭の経済状況

学生の標準的な生活状況の把握のために、二年に一度程度実施されているものに学生生活調査がある。この調査では、学生生活費や学生のアルバイト従事状況などのほか、家庭の経済状況についても対象としている。国立、公立、私立ごとに家庭の年間収入の平均や分布状況が細かく示されている。

一九六一年から二〇二〇年までの家庭の年間収入の推移をみると、二〇世紀の間は私立大学の学生の家庭が常に年間収入が一番高くなっている。国立大学と公立大学を比べるとその差は大きくはないが、概ね公立大学のほうが高くなっている。また、いわゆるバブル景気の頃が全体の山となり、その後、二〇〇〇年以降になると横ばいとなっている。

具体的には、一九六〇年代には私立大学の学生の家庭の年間収入は平均を一〇〇とすると一一〇以上で、一方、国立大学は七〇、公立大学は八〇前後のレベルで推移していた。一九七〇年代以降、国立大学の水準が上がり、一九七八年に初めて八〇を超え、公立大学とほぼ同水準となり、一九九四年に初めて九〇を超えるようになる。

大学生を持つ家庭の年間収入に関しては、一九六〇年代には私立>公立>国立と私立大学の学生の家庭が最も裕福で、国立大学の学生の家庭は公立大学の学生の家庭よりも収入が低く、私立大学の三分の二にも満たない水準だった。これは、一九六〇年代における公立大学の半数近くが三大都市圏に位置し、しかも、東京都立大学、大阪市立大学など学生数が多い大学があるため、大都市圏の公立大学に在籍する学生が過半を占めていたことも影響している。ちなみに一九七〇年代前半までは国立大学よりも授業料が高い公立大学が多かった。当時は苦学生≒国立大学生だったのだ。

その後、一九八〇年以降は私立>公立≒国立となり、二一世紀に入ると公立大学を引き離し、国立大学は私立大学の学生の家庭における年間収入に近づくこととなる。私立大学は二〇一〇年まで収入が下がり続けているが、国立大学はこの間、ほぼ横ばいで二〇一〇年には私立大学との差がわずか二万円となる。その後、二〇一四年に国立大学が八三九万円と私立大学の八二六万円よりもはじめて一三万円上回った。二〇一六年も国立大学では八四一万円となり、私立大学の八三四万円を上回った。なお、二〇二〇年は国立大学の八五六万円に対して私立大学の八三八万円と一八万円上回っている。

一方、公立大学はこの間、七一二万円から七五〇万円の間を行き来している。すなわち、家庭の年間収入に関しては、二一世紀に入り私立＞国立＞公立となり、最近では国立≒私立＞公立という状況となっている。

私立と公立を比べると、二〇〇二年にその差が一七五万円と最大となり、その後も大きな差となっている。国立と公立の差も二〇〇〇年にはその差はわずか二万円だったが、二〇一四年以降は一〇〇万円以上の差となっている。

これらのデータから、少なくとも公立大学の学生に関しては、私立大学に比べて低廉となっている国立大学とほぼ同額の学費としていることの正当性は十分説明できると考えられる。その一方で、ここ数年、国立大学に通う学生の家庭の年間収入が私立のそれを凌ぐような状況は、多くの税金で国立大学の運営が賄われているということに対して、見直しをすべきという議論をさらに惹起することになるだろう。

いずれにしても、家庭の経済環境という面では、国公立と一括りに論じるのはもはや妥当ではない状況となっている。地域社会を支えるセーフティネットの役割の一端を、公立大学が一定程度果たしていると評価できるだろう。また、自治体が公立大学を新設する理由の一つとなっているともいえるのだ。

†都道府県ごとの大学数格差

これまで、大学の位置づけや自治体と大学の関係を俯瞰してみてきたが、ここでは、大学がどのように設置されているのか、その分布状況を都道府県単位でみることとする。

二〇二一年現在での大学数は八〇三、二〇二〇年よりも八校増加している。これは公立大学、私立大学がともに四校新設されたからである。最も大学が多いのは東京都の一四三、次いで大阪府の五六、愛知県の五二、北海道の三七、兵庫県の三六、京都府と福岡県の三四、神奈川県の三一、埼玉県と千葉県の二七、これらが上位一〇である。

一方、最も大学が少ないのは島根県と佐賀県の二、次いで鳥取県の三、徳島県と香川県の四となっている。

学生数もおおむね大学数と同じ傾向にある。多い方から、東京都、大阪府、愛知県、神奈川県、京都府、兵庫県、福岡県、千葉県、埼玉県の順で、どの都府県も学生数は一〇万人を超えている。この九都府県の学生数で全体の約七割を占めている。まさに大学という高等教育は大都市でしか受けられないといわんばかりの状況にあるようだ。

少ない方は鳥取県、島根県、佐賀県、和歌山県、香川県でこれらはいずれも一万人を切っている。このほか、大学数では九の滋賀県は、二二大学がある新潟県よりも学生数では勝っている。これは滋賀県に一万人以上の学生が在籍する立命館大学のキャンパスがあるからで、一方、新潟県は小規模の大学が多いためである。

†市町村の大学誘致メリット

市町村にとって大学はとても貴重な存在だ。大学のキャンパスが立地することで、多くの若者が地域に集うこととなる。学生が住むことによって、経済効果もかなり期待できる。このため、大学誘致が進められてきた。

大学の所在市町村や周辺市町村は学生という住民が増えることとなる。大学予定地周辺に田畑を所有している者からすれば、これを契機にしんどい農作業に見切りをつけよう、学生用のアパートを建てて、家賃収入でのんびり暮らそうという思いを抱くかもしれない。飲食店も学生や教職員というお得意さんが増えることを期待するだろう。建設業であれば、大学の校舎建設や周辺の道路整備などで仕事が増えると考えるだろう。

経済が回ることによって、法人住民税や固定資産税などの増収が市町村にももたらされる。さらに大学のある街というのはイメージも悪くない。地元に大学があるというのは子育て世代についても一種の安心感をもたらす。

もちろん、大学生が増えることで街が騒がしくなるといった苦情をいう住民がいないわけではないが、ごく一部だろう。このため、大学用地を準備するとともに、補助金を予算計上して、大学誘致に市町村は奔走するのだ。

†小さな村と大学の関係

大学キャンパスが複数、場合によっては二けたもあるような大都市であれば、大学があることの「ありがたみ」はあまり感じられないだろう。しかし、大学キャンパスが一つだけで、しかもそれが村にある場合、地域にとってこれほどの宝はないと、役場職員だけでなく、多くの村民も認識するものだ。

長野県南箕輪村は大学キャンパスがある数少ない村の一つだ。南箕輪村には信州大学農学部がある。前身は一九四五年に創設された長野県立農林専門学校だ。戦時中の食糧増産が求められた時期に、長野県内の各地で農業学校を専門学校に昇格させる動きがあったが、当時の上伊那農業学校の地元が数多くの寄付を集め、設立が認可された。

戦後、一県一大学という文部省の方針を受けて、長野県内の他の旧制専門学校とともに一九四九年に信州大学設立に加わったのだ。国立大学のキャンパスが村にあるのは南箕輪村が唯一だ。

このように、南箕輪村は大学誘致をしたわけではなく、戦争中に地元の関係者が頑張ったことで結果として大学のある村となったのである。

南箕輪村の面積は約四一平方キロメートルと長野県内の七七市町村の中でも狭いほうだ。人口は約一万六〇〇〇人、一九五〇年代から一九六〇年代は横ばいで約六〇〇〇人前後だったが、一九七〇年代以降は増加を続けている。これは一九七六年に中央高速道路の伊那インターチェンジができたことによって、電子機器やIT関係の工場が立地したことが影響している。

南箕輪村移住定住促進サイトでは、子育て支援サービス充実や、一八歳まで医療費ほぼ無料、インターチェンジがあってアクセスがいいなど、村の利点を挙げているが、大学があることと関連して、長野県で一番若い村、日本で唯一保育園から大学院まである村というキャッチフレーズを掲げている。

大学があることで、毎年一八〇人ほどの一九歳前後（信州大学一年生は松本キャンパスで学ぶため二年生から）の若者が三年間ないし五年間、村で学ぶことになるのだ。村全体でも移住者が約七割を占めているといわれていて、村長の藤城栄文も元江戸川区職員で、地域おこし協力隊員を務めた移住者だ。

農学部と村は、二〇一〇年に連携協定を結び、農林業振興や森林整備、観光振興など幅広い分野で連携事業を行っている。二〇二二年は、村内の大芝高原の森林づくり実施計画などを進めることとしている。

南箕輪村は、他の市町村に比べると恵まれているところも少なくないが、先人の努力によって、人口が長野県の村で一番多く、人口増加率も県内第一位という選ばれる村となっている。まさに信州大学農学部のキャンパスは、村の大切な宝なのだ。

✝大都市部への大学の集中

大都市部への大学の集中に関しては、地方から強い批判が巻き起こる。一方、大都市部の自治体は、これに対して様々な反論を試みる。ここでは戦後から昭和三〇年代にかけての状況を改めて振り返ることとする。

大学の大都市への集中については、過去よりも現在の方が顕著だと思う向きもあるだろうが、実態は現在よりもはるかに深刻だった。戦後まもなくは大学に行くこと＝大都市、特に東京に出ることを意味していたのだった。大学進学率が一〇％にも満たなかった頃には大学生は今よりもはるかに社会のエリートだった時代でもある。

エリートが東京へ集中し、そのまま東京で就職することが高度経済成長の原動力となり、また、それが都市と地方の格差を拡大させる一因となったともいえるだろう。データをみる限り、一九五〇年代に比べれば地方に私立大学や公立大学が増えて、その後の状況は多少なりとも改善されているということになるのだ。

文部科学省が毎年実施している学校基本調査で、大学の所在都道府県別の学生数が示されるようになったのは一九五六年からである。この年の大学総数は二二八、内訳は国立七二、公立三三、私立一二三だった。一方、大学が戦前から集積している東京都、大阪府、愛知県、兵庫県、京都府の五都府県だけで大学の数は一三五、全体の五九・二％と六割近くを占めていた。

大学生（大学院生を含む）の総数は五四万七二五三人、そのうち五都府県だけで六九・九％と約七割を占めていたのだ。その中でも大学生総数の六割以上を占める私立大学では九一・〇％と九割超がこの五都府県に集中していたのだ。

私立大学の経営という観点からは、大都市に多数の学生を集めて効率的に教育を行うことがベストの選択であったことは当然の帰着でもある。また、大学生の半数近くに当たる四六・〇％の学生が都内の大学に通っていた。ちなみに一年前の一九五五年の国勢調査人口では、五都府県の人口は全国の二四・四％、東京都は八・九％だった。これらのデータをみれば、いかに大都市部に大学が偏在し、そして多くの学生が学んでいたかがよくわかるだろう。

†国による都市部集中への規制

大学の大都市への集中は国による規制の強化や様々な政策の実施によって一定程度は緩和されていった。

大学だけでなく、工場の大都市部への増加によって、公害や過密などによる弊害が顕著となり、いわゆる工場等制限法（「首都圏の既成市街地における工業等の制限に関する法律」［一九五九年］と近畿圏の既成都市区域における工場等の制限に関する法律」［一九六四年］の二つ）によって、一定規模の工場や大学の新増設が原則としてできなくなった。

東京都区部と武蔵野市については全域が、川口市、三鷹市、横浜市、川崎市、京都市、大阪市、守口市、東大阪市、堺市、神戸市、尼崎市、西宮市、芦屋市については一部地域が対象とされた。

工場等制限法による規制はただちに効果を発揮したわけではない。また、同じ都内でも多摩地域の大部分は規制の対象外のため、結果として私立大学のいくつかはキャンパスを移転して都内の学生数を増やしていったのだった。

規制がはじまって二年後の一九六一年には大学数は二五〇、そのうちの六〇%に当たる一五〇が、学生総数では七二・四%が五都県に集中し、このうち東京都は四八・五%とその割合はさらに半数に近づいていった。しかしながら一九六〇年代前半をピークとして、大学志願者の増加などによって、地方での大学立地も一定程度進んでいく。これは工場等制限法のほか、一九六〇年代後半に入ると文部省が大学の学部・学科の増設や定員増について、東京二三区や大阪市などについて抑制する方針をとったことやその後の国土政策・産業政策などによるものである。

工場等制限法では、当初、既存大学や理工系を対象とした特例があったことなどから、都心部の大学新増設に関して必ずしも十分抑制が働かなかったとも評されている。この特例は一九七二年に廃止され、また、一九七五年に私立学校振興助成法が制定されたことを契機として都心部への立地規制が厳格化されていった。

助成法によって、私立大学に国が経費を補助できることになったことに伴い、財政負担が無制限に膨張しないよう、収容定員などについて届出制から認可制にされた。この規制の強化が、私立大学に都心部ではなく地方への進出を本格的に検討するよう促したのである。

三〇年後の一九九一年には大学総数は五一四と倍以上に膨れ上がった。国立九七、公立三九、私立三七八で、このうち五都府県では国立二五、公立一四、私立一八九、計二二八と半数を割り込み、大学生総数でも二二〇万五五一六人のうち五二％が五都府県の大学と、その割合も二〇ポイントほど下がった。また、東京都内の大学の学生数も二七・六％と同様に下がっている。

工場等制限法は、工場や大学の大都市集中を緩和させるという政策目標を一定程度は達成したが、一方で工場の海外移転を結果としてもたらし、国内の製造業が空洞化してしまった一因となったとの批判を受けて、小泉政権下の二〇〇二年には廃止された。

†大学と組織の名称

名は体を表すとはよくいったものである。大学の場合、どこにあるかという所在を明らかにする意図もあってか、地名を入れるケースが多い。国立大学の場合、電気通信大学、政策研究大学院大学と総合研究大学院大学の三つを除くとすべて地名がついている。これは戦後作られた一一原則がおおむね守られていることを意味する。

公立大学も同様だが、秋田県の国際教養大学、岐阜県の情報科学技術大学院大学、兵庫県の芸術文化観光専門職大学、広島県の叡啓大学、そして沖縄県の名桜大学に関しては地名はついていない。これらの五つの公立大学は二一世紀に入ってから創設ないし公立化されたものだ。なお、長野大学は、長野県でも長野市でもなく上田市が設置母体だ。

組織の名称は、どのような仕事をしているかを対外的に示すという意味合いもある。自治体の部や課の名前は、その時代の中心的な政策が何か、ということを示す指針でもある。高度経済成長期には企画部門を独立させるところが多く、公害など環境問題が重視されると環境関係の組織が設けられた。高齢化が進行すると、福祉部局に高齢の冠をつける組織が増え、こどもに対する政策が部局横断的に取り組む必要が出てくると、こどもの冠をつける組織が増える。東日本大震災以降は危機管理や安全を名称につける組織が増え、コロナ禍ではコロナ対策を明示する課や室が多くの自治体でみられる。

国でも同様の動きを示している。一九七〇年、公害問題が深刻化し、公害国会と呼ばれるほど審議の多くの時間を費やした翌年に環境庁が発足し、省庁再編によって二〇〇一年、環境省に昇格した。消費者問題が深刻化すると二〇〇九年、消費者庁が誕生し、東日本大震災の復興対策を加速されるために二〇一二年には復興庁が誕生した。近年も、欧米に比べると官民問わず遅れているといわれるデジタル社会への対応を加速するために、二〇二一年にはデジタル庁が誕生し、こども家庭庁が二〇二三年に創設されることとなっている。

†自治体と高等教育政策の関係

高等教育とは大学だけでなく、高等専門学校や専門学校なども含めたものである。いずれにしても、自治体にとっては教育委員会の所管ではなく、これまで首長部局の中であまり重視されてこなかった政策分野ではある。

もちろん、公立大学を設置している自治体や新たに設置しようとする自治体では、公立大学の所管課や設立準備室のような組織を設けることが常ではあるが、高等教育全般についてはどのように考えているのだろうか。

基本的にすべての自治体は、どの部局がどのような事務を担当しているかについて、組織規則（規程）で明示している。これは国も同様であるが、往々にしてその規定ぶりが漠然としていることもあって、組織内部、あるいは組織間（国の場合）での権限争いにつながることも少なくない。いわゆる縦割り行政の弊害とも指摘されるものだ。

ここでは、組織規則や設置されている課や室の名前や事務分掌などから四七都道府県における位置づけを、二〇二二年一月現在の組織を参照した上で明らかにする。

大学または高等教育の名前が課や室についているのが七県だった。これらは新潟県大学・私学振興課、福井県大学私学課、長野県高等教育振興課、静岡県大学課、京都府大学政策課、兵庫県大学室、高知県私学・大学支援課である。このほか、広島県には高等教育担当課長が、徳島県には大学・産業創生統轄監が置かれている。

全体の八割以上の三八都道府県では大学を所管する担当部署がないようにもみえるが、事務分掌を詳細に調べると言及していないのは一五都府県だけで、全体の半数弱の二三道県は課室の名称まではつけられていないものの、大学あるいは高等教育に関してなんらかの言及がみられた。

担当部署等を置いている府県の事務分掌をみると、以下のようになる。

- 新潟県：大学等高等教育機関に関する事項
- 福井県：高等教育の振興に関すること
- 長野県：高等教育（他の所管に属するものを除く）の振興に関すること
- 静岡県：静岡県立大学、静岡文化芸術大学その他高等教育の充実に関すること、学術振興に関すること
- 京都府：大学政策（他課の所管に属するものを除く）に関すること
- 兵庫県：大学に関すること
- 広島県：高等教育の充実に関すること

●徳島県：高等教育機関と連携した若者の就学及び就業の促進並びに産業振興をはじめとした地域の活力向上及び持続的な発展に関する事項を統括整理する
●高知県：県内の大学及び高等専門学校との連携及び調整に関すること

大学が数多く立地し、大学の街、京都市を抱える京都府の場合は、文化スポーツ部に大学政策課を置いている。大学政策を明文化しているのは京都府だけである。大学政策課は、このほか、京都府公立大学法人も所管している。

また、新潟県、長野県、静岡県、兵庫県は県内に四つ、広島県は五つの公立大学を抱えている。公立大学法人に関する事務も多いことからこれらの県では独立した課などを設けているとも考えられる。福井県は高等教育の振興を明文化している。

徳島県と高知県は大学との連携に焦点をあてたものとなっている。特に徳島県は地方創生の取組みを念頭に置いた事務分掌となっている。

課や室を置いていない道県では、単に大学との連携や連絡調整に留まっているところもあれば、大学あるいは高等教育に関すること、さらには高等教育（機関）の振興ともう少し幅広い役割を掲げているところもある。

例えば、山形県では学事文書課に高等教育担当を置き、高等教育に関する施策の推進に関することを事務分掌に掲げている。

このほか、鳥取県では、ふるさと人口政策課の事務分掌に県外大学との連携の促進に関することを掲げている。また、子育て・人財局に総合教育推進課を置き、県内高等教育機関及び学術研究の振興に関することを掲げている。そもそも、首長部局に教育の名がつく課を設置していること自体、大変異例なことではある。

東京都や大阪府などでは特段組織も設けず、事務分掌にも明示されてはいないが、それをもって大学などの高等教育政策が一切行われていないということにはならない。基本的には企画部門は事務分掌が明示されていないような政策でも、トップの指示などによって柔軟に対応することが求められる。「様々なところに関係はするものの責任部署が明確ではない業務」は企画部門が引き取ることができるよう、「その他他課（部）の所掌に属しないこと」といった内容が所掌事務に書かれているからだ。

†文科省の大学COC事業とは

大学が地域とのつながりを深めるきっかけともなったのが、二〇一三年に文部科学省が始めた大学COC事業だ。これは、「大学等が自治体と連携し、全学的に地域を志向した教育・研究・社会貢献を進める大学等を支援することで、課題解決に資する様々な人材や情報・技術が集まる、地域コミュニティの中核的存在としての大学の機能強化を図ること」を目的としたものである。

ここでのキーワードは地域志向である。地域を志向した教育・研究・社会貢献を進めることで、地域を志向した大学であることを明確に宣言することが求められ、教育カリキュラムや教育組織の改革は必須であるとされた。これは、二〇一六年度から国立大学を三つの類型に分ける際の準備作業（地域貢献型）だったともいえるのかもしれない。

正式事業名は、「地（知）の拠点整備事業」で、COCとはCenter of Communityの頭文字をとったものだ。二〇一三年度の採択大学数は五一、二〇一四年度は二四だった。例えば、二〇一三年度に採択された東北公益文科大学は、「地域力結集による人材育成と複合型課題の解決――庄内モデルの発信」という事業名で、山形県、鶴岡市、酒田市、三川町、庄内町及び遊佐町が連携自治体に選ばれている。

二〇一五年度には大学COC事業を発展させていわゆるCOC+を開始した。これは地方創生が国として取り組むべき重要な政策として位置付けられる中で、COCがバージョンアップしたのだ。

正式事業名は、「地（知）の拠点大学による地方創生推進事業（COC+）」で、その目的も、「大学が地方公共団体や企業等と協働して、学生にとって魅力ある就職先の創出をするとともに、その地域が求める人材を養成するために必要な教育カリキュラムの改革を断行する大学の取組を支援することで、地方創生の中心となる「ひと」の地方への集積」と、COCに比べて企業や就職先が明示されるなど、より具体的な成果が求められるようになった。成果指標も連携自治体内の企業等への就職率・雇用創出数と中小企業等の評価が加えられた。

選定された件数は四二だったが、参画する大学数は一九四とほぼ四分の一の大学がCOC＋に関わることとなった。大学間の連携が求められる一方で、将来の再編につながるのではないかと危惧した大学関係者も少なからずいたのだろう。

いずれにしても、文部科学省も舵を大きく切ったのである。

†大学誘致に強いコンサル

大学、あるいは学部、学科を新設する際には学校教育法の規定に基づき、大学設置・学校法人審議会の審査が必要となる。これがいわゆる設置審による審査である。形式的には七か月程度の期間とされているが、実際には十分な構想と準備の期間が必要とされている。

学校法人にとってもこのような手続きに慣れているところはそう多くはないだろう。ましてや新規に公立大学を設置しようと考えている自治体ならばなおさらである。そんな時に、ノウハウを持ったコンサルがあればなんと心強いことになるだろうか。

そのような思いに答えてくれるコンサルがあるのだ。それが一般財団法人日本開発構想研究所（開構研）だ。さぞかし大きな組織で、文部科学省と密接な関係を持っているのではないかと思われるかもしれないが、ホームページなどを見る限り、実際は小さな組織で、むしろ国土計画やまちづくりなどの分野を中心に活動してきたコンサルなのである。

開構研は一九七二年に設立され、当初の主務官庁は経済企画庁だった。その後、国土庁と共管となり、省庁再編で内閣府と国土交通省が共管する財団法人として現在に至っている。職員数は二八人と大手コンサルに比べると圧倒的に少ない人数だ。

開構研のホームページには詳細なデータが開示されている。いわゆる文部科学省の天下りのポストも見当たらない。評議員も大学関係者が中心だ。調査研究事業に関しては、都市・地域研究部と高等教育研究部が担っている。このうち、高等教育研究部は、大学の将来計画、教育・研究組織の改革・改編、学部等の新増設、高等教育に関する各種基礎調査を数多く実施している。

実際、二〇二二年二月時点までに実施された受託調査は九〇六件、公表されているものは一九七八年度から二〇一三年度までで、最近のものについては掲載されていないが、大部分の調査が平成に入ってからのものだ。単純計算で一年間に三〇件以上調査を行っている計算となる。

都道府県ごとにみると東京都が一二八件と最も多く、次いで愛知県が一二四件、福井県と鹿児島県はゼロとなっている。学校法人の中には順天堂のように一二件も委託しているところもある。もちろん、設置認可に直接かかわるものもあれば、学生に対するアンケート調査もある。

自治体関係では、例えば札幌市は高専を設置し、さらに大学に移行させることなどに関して一〇件もの委託調査を行っている。

このほか、新潟県立大学に係る設置準備調査（二〇〇六年～二〇〇八年）、長野県における新県立大学設置に関する調査（二〇一三年）、宮崎公立大学設立に関する調査（一九八九年～一九九四年）、沖縄県立看護大学設置に関する調査（一九九七年～一九九八年）といったように多くの公立大学の設立に際して、設置自治体が調査を委託しているのだ。

また、受託調査はどのような業務を行ったかについて、その概要も一部は明らかにしている。例えば長野県が委託した調査に関しては、以下の内容が示されている。

本調査は、長野県において平成二五年六月に策定された「新県立大学基本構想」に基づく新たな県立大学の設置計画の策定に係る調査である。平成三〇年四月の新大学開学を目標に、平成二八年一〇月の大学設置認可申請に向け、県が設置した県立大学設立準備委員会やその下部組織であるワーキンググループにおいて検討が進められている。本調査では、教員組織について検討・助言等を行ったほか、設置の趣旨・教育目標と教育課程との関係性等について検討・助言等を行い、新県立大学設置計画の策定の支援を行った。

二〇二〇年度の事業報告によれば、高等教育研究部の収益事業は三億二一七九万円で開構研全体の七八・六％を占めている。学校法人からの受託が六八・七％、公（国）立大学法人が二一・四％、自治体が九・四％となっている。受託件数は九八件で、一件当たりの平均契約額は三二八万円だった。

筆者自身、国や自治体職員として三〇年ほど前に幾つかのコンサル契約を結ぶ業務にかかわったことがあるが、この額は当時と比べてもかなり低廉なものといえる。数多くの受託を重ねる中で、開構研は高等教育の様々な分野に関して相当程度ノウハウを蓄積しているものと考えられる。いずれにしても、これだけ情報が詳細に公開されているコンサルはあまりないだろう。それだけ開構研は自信を持って、大学関係の頼れるコンサルとして実績を積み重ねてきたと考えられる。

業務報告の最後に、大変興味深い記載がある。研究所としての課題も触れつつ、大学のあり方についても関係者がしっかりと認識すべき内容を示しているので一部を紹介する。

一八歳人口の減少等、大学を取り巻く環境は厳しさを増しているが、それだけに大学の運営、経営に知恵を絞る必要性が大きくなっている。平成二五年度以降、設置認可基準が厳しくなり、新たな学部・学科等の設置にあたっては綿密な調査、検討が必要となっている。また、平成三一（令和元）年度より創設された専門職大学等の新しい制度への対応も必要となっている。（中略）。今後は、大学教育の量から質への転換に対して、的確な対応を行っていきたい。（中略）。目まぐるしく変わる文科行政にしっかり立ち向かい、新しい仕事にも柔軟に対応できる人材の育成を行いたい。

†再び国の規制強化が

地方創生の取組みが進められる中で、再び大学の立地規制が行われた。二〇〇二年に工場等制限法が廃止されたことで、大学の都心回帰や都市部での定員増の傾向がみられるようになった。小泉内閣による規制緩和の流れである。その一方で、地方の私立大学には定員割れとなっているところが少なくない。

このような状況下で二〇一六年一一月、全国知事会は地方大学の振興や大学の一極集中の是正を求める「地方大学の振興等に関する緊急抜本対策」を公表した。これによって、まち・ひと・しごと創生本部が動き出し、文部科学省は二〇一七年九月二九日に、東京一極集中の是正等のために、二〇一八年度の東京二三区における私立大学の定員増を認可しない特例告示を定めた。

翌年にはキラリと光る地方大学づくりや地域における若者の雇用機会の創出、さらには東京二三区における大学の定員増を一〇年間認めないとする内容の「地域における大学の振興及び若者の雇用機会の創出による若者の修学及び就業の促進に関する法律」が成立した。

二〇一七年度及び二〇一八年度には規制強化の前の駆け込み申請が一部の私立大学によって行われたのもまた事実である。いずれにしても、法律の施行によって、二三区の大学生総数の抑制は再び現実のものとなったのである。

†自治体と大学の連携協定

二三区の大学における定員抑制が終わるのが二〇二八年三月末である。特に地方の私立大学は生き残りをかけて様々な取組みを展開するだろう。また、国も一定程度支援する制度は用意している。どの程度実効性があるのかは今後検証されるだろうが、国公私立を問わず、自治体と大学のつながりは年々深まっている。それは両者の連携協定をみれば明らかだ。

自治体となんらかの協定を結んでいない大学はないと思われる。正式な統計はないが、一つの大学で数十、場合によっては一〇〇を超えるところも少なくないだろう。学部や学科単位のものも含めれば、自治体、企業、各種団体などと結んでいる協定の数は軽く万の単位となるだろう。

筆者が政策アドバイザーをしている群馬県みなかみ町では、二〇二一年に包括連携協定を群馬銀行、オープンハウス、そして東京大学大学院工学系研究科と、産学官金四機関による「みなかみ町の地域活性化に関する包括連携協定」を締結している。人口二万人弱の小さな町でも東京大学とつながる時代だ。全国各地で様々な連携の形がみられるようになった。

信州大学の場合、地域との連携協定のコーナーがホームページにある。ここでは、自治体、金融機関、大学、大学以外の教育機関、企業、その他の六つのグループに分けて連携協定の状況を示している。

自治体の連携協定のうち、全学との包括的連携協定については、二〇二二年二月現在、長野県、長野県教育委員会、長野県議会、長野市などと二四の協定を結んでいる。学部との連携協定では、安曇野市と医学部など三〇の協定を結んでいる。このほかの組織との協定を含めればその数は一〇〇を大きく超えている。協定に基づき様々な連携事業を展開して、大学にとっても提携先にとっても大きな成果をもたらしているのもある一方で、とりあえず協定は結んだものの、精々年に一回の会議をするくらいのものもあるだろう。全国的にみると、一種のアリバイ作りのように協定を結んでおいて、連携しています、というポーズを作るだけのものも結構あるようだ。

特に、大学の執行部がトップダウンで協定を結んだ場合には往々にしてそのようになってしまいがちである。本来ならば教員や学生と地域でのつながりがあって、それを基に学部として、あるいは大学全体としてどのような連携が可能か、あるいはどのように連携すべきかということをしっかりと議論したうえで結ぶべき性格のものである。

また、自治体側も同様に考えるべきものである。協定の数を競うような時代ではない。自治体と大学、それぞれにとってどのような分野でどのような連携が望ましいのか真剣に考えるべきである。特定の教員や職員の負担が過重となり、長続きできないようなものでは問題だ。持続可能な体制を整備することも必要となる。特に大学教員は一種の自営業、一人親方のような存在であり、そのような教員が大学から抜けてしまえば、協定が空文化する危険性もはらんでいる。

協定締結が終わりではなく、始まりの一歩であるという認識を両者が持たなければならないのである。

†アメリカ州立大学の状況

これまでわが国における自治体と大学の関係を様々な角度から眺めてきたが、諸外国はどのようになっているのだろうか。

アメリカの場合、教育に関する権限は州に属していて連邦にはないため、大学に関しては私立または公立だけで、公立の中心は州立大学である。例えばＵＣＬＡの場合は、カリフォルニア州立大学ロサンゼルス分校の略称である。自治体は主に二年制のコミュニティカレッジを設置しているが、ニューヨーク市がニューヨーク市立大学を設置しているように、四年制大学を置いているところもある。コミュニティカレッジについては、日本の一部事務組合のような特別な団体（Community College District）を置いて管理されているケースもある。

州立大学に関しては州出身者とそれ以外では授業料などで大きな差がつけられている。アメリカにおける四年制の公立大学の平均では、親または本人が同じ州で州税を納付した場合、データは少し古いが、二〇〇七年時点では六五八五ドルで、この額は日本の国立大学と私立大学の授業料のほぼ中間に位置するとされている。

一方、他の州の州立大学に進学する場合は、三倍弱に跳ね上がり一七四五二ドルとなる。個別にみると、カリフォルニア大学ロサンゼルス校は州内学生七〇三八ドル、州外学生二六六五八ドルと四倍近い開きになっている。一般的には州内と州外では三から四倍程度となっているケースが多い。

日本の場合、平等性を重んじるところが強すぎるのか、全国の公立大学をみても域内出身者と域外出身者に対して入学金の差はつけても、授業料にはこのような差はつけていない。また、学部間でも国立同様基本的には授業料の差をつけてはいない。この辺は、どこかの大学が一歩踏み出さない限りは、変わっていかないとも考えられる。横断歩道、みんなで渡れば怖くない、の世界はそろそろやめるべきではないだろうか。

このほか、アメリカでは大学の設置認可は各州の権限であり、大学は届け出に近いとされる簡単な手続きを経て設置が認められる。州ごとに大学の管理運営も異なっているが、一つの管理委員会（大学理事会）が州内のすべての州立大学の管理運営を行うところもあれば、大学理事会は大学ごとに置かれ、これらを調整する調整委員会が置かれるところもある。管理委員会や調整委員会が複数置かれるところもある。また、州憲法や州法によって、大学の管理に関する権限を管理委員会に委託している。このように州知事が直接個別の大学に関わるという仕組みにはなっていない。

もちろん、州の予算案は知事によって議会に提出され、議決されて成案となるが、予算の大学への配分は調整委員会などが担っている。いずれにしても州立大学の統治は、管理委員会と調整委員会を中心に行われている。日本でもこのようなワンクッションを置いた公立大学の管理運営というのは検討の余地があるともいえよう。

†アメリカ以外の大学の状況

次にヨーロッパである。イギリスの大学は独立の法人として設立されたもので、国からの補助金も交付されているが、基本的に自治体の関与はない。フランスの場合、大学はすべて国立機関である。ドイツの大学は、大きく総合大学と職業訓練などを主に行う専門大学に分けられる。私立大学や連邦立大学もあるが、学校数では約半数、学生数では九割近くが州立で占められている。

アジア・オセアニアでは、中国には国立、公立、私立の三種類がある。公立大学は省、自治区、直轄市が設置するほか、地方都市が置く場合もある。数は二〇一八年現在七〇三で、全体の六割近くを占めている。韓国は私立大学が中心で、四年制大学では約八割、二年から三年の専門大学では約九割を占めている。残りが国公立大学で、以前は韓国の広域自治体である道が設置する大学もあったが国立に移管され、四年制の公立大学はソウル市立大学だけと思われる。このほか、オーストラリアは大部分が州立大学である。

このように、アメリカ、ドイツ、オーストラリアといった連邦制の国では、教育は州の権限となっていることが多く、大部分が州立大学となっている。

†日本と海外の大学の比較

本章の最後に、海外の大学との比較から、日本における大学の特徴を幾つか明らかにする。そもそも、大学の定義が国によっても異なり、一般的には高等教育機関と称されるが単純な比較が必ずしも適当とは言えない場合もあるので留意する必要がある。ここでは、様々な教育に関する資料を基に、一般的に知っておくべき点に絞って俯瞰する。

日本の大学進学率は五〇％を超えたが、これはＯＥＣＤ諸国の平均に比べても低くなっている。二年制（日本の場合は短期大学）を含むか否かでも変わってくるが、諸外国の多くは社会人になってから大学に入り直すケースが多い。

教育に係る経費の比較では、よくＧＤＰに占める割合が用いられる。教育費全体もそうだが、高等教育にかかる公的費用の割合も、大学進学率同様日本は低くなっている。また、高等教育に係る経費のうち家計負担の割合も日本は韓国と並んでトップクラスとなっている。

この点は、大学における国公私立の割合をみてみると明らかだ。国によって、国立、公立、私立の定義が必ずしも一致していないが、私立大学への入学者数は、日本や韓国では七〇%以上なのに対して、州立大学中心のドイツでは〇%に近い。ヨーロッパの多くの国では二〇%以下で、ドイツ同様、州立大学が中心のアメリカでも三〇%以下だ。

ヨーロッパの多くの国が国公立大学中心だからといって、それに合わせる必要はない。だが、日本の場合、国の政策によって、私立大学への補助金を支出するなど様々な統制手段を用いて、結果的に国立大学の数を少なくして、私立大学が多くなったとも指摘されている。

このような現状を踏まえつつ、自治体側、大学側双方がどのような戦略を持ってこれまで大学設置を進めてきたのか、次の章では具体例をみながら、自治体と大学のあり方を考えていく。

第五章

自治体の戦略と私大の地方展開——成功と失敗の分かれ道

†私立大学の地方展開

これまでみてきたように、私立大学の中には都心部における大学新設を原則禁止するという国の規制強化が進む中で、自らの経営戦略の一環として都心部から郊外に学部を移転あるいは新設するケースもあれば、自治体の熱いラブコールに応えて地方に展開するケースもある。

もともと都心部では地価も高騰し、建物はもちろんのこと、運動施設などゆったりとしたキャンパスを維持することには困難を伴う。一方で都心のほうが学生を集めやすいという実態はこれまで長く続いてきたこともあり、地方への展開には消極的な学校法人が大部分だった。

学生にとっては都会でのキャンパスライフは一方で刺激的であり、他方で生活費は余計にかかり、部活やサークル活動では練習などで不便を感じることも少なくない。地方でのキャンパスライフはのんびりできて、生活費の面では比較的負担も少ないが、退屈さを感じることも少なくはない。また、学年によってキャンパスの場所が異なることは都心の私立大学でも地方の国立大学でも見られる光景だ。学生にとっても都心のキャンパスと地方のキャンパスはそれぞれ一長一短あるのだ。

本章では、大学を地方に増やす自治体の戦略と私立大学の地方への展開などについて、幾つかの事例を紹介し、そこからどのような示唆が得られるのか考察する。なお、私立大学の地方への展開事例のうち、早い段階のものは、地元自治体の財政支援などがあったのか明確ではないものもあるが、撤退後の土地等の寄付が大学から行われていることから考えると、いずれの場合も一定程度の支援が行われていたのではないかと考えられる。

†難しくなる大学誘致

個別の事例に入る前に、大学誘致の実態について、まずは国の調査からその全貌を眺めてみよう。この調査は内閣官房が開構研に委託したもので、「東京圏の大学の地方サテライトキャンパス等に関する調査研究報告書～地方公共団体と大学との連携強化に向けて～」と題して二〇一八年一〇月に公表されている。

この中では、東京圏を除く四三道府県と一五二九市町村に対してアンケート調査が実施され、七七％の自治体から回答が得られた。回答があった市町村のうち、約四分の一（三〇二団体）で大学キャンパス等の誘致を経験したことがあるとしている。この場合、大学キャンパス等とは大学のほか、短期大学や専門学校、研究所、セミナーハウスなども含まれている。人口規模別では一〇万～二〇万人の市では約六割が誘致を経験していた。誘致開始時期は七割近くの自治体が平成に入ってからとしている。

誘致の結果、何らかの高等教育機関が設置された自治体は七三％、一方、誘致が失敗に終わった自治体では大学と進出条件などの折り合いがつかなかったと回答したところが多かった。一九八九年度から二〇〇二年度までは誘致の結果何も設置できなかった自治体は二二だったが、二〇〇三年度以降は四三とほぼ倍増している。大学誘致が難しくなっていることがここからも明らかである。

大学誘致のきっかけは、自治体の総合計画などに大学キャンパス誘致を目標としたものが最も多く、次いで公立学校が閉校となり跡地利用を検討したこと、首長が公約に大学誘致を掲げたことの順となっていた。大学誘致の目的（複数回答）として半数近くの自治体が教育・文化水準の向上を挙げ、次いで産業振興・人材育成、人口減対策、地域コミュニティの活性化の順となっていた。今後も一割以上の自治体が大学誘致を行いたいと回答している。

一方、大学誘致の課題については、全くノウハウがないことや折り合いがつかないということを多くの自治体が挙げている。

このほか、大学誘致にあたり独自に行うことが可能な支援内容（複数回答）については、回答した自治体の半数近くがインターンシップや就職活動の支援を挙げ、三分の一が学生確保に関する支援（高校へのアプローチ支援）、土地や建物の無償貸与、地域連携活動支援などとしていた。建設経費についても四分の一近くの自治体が支援すると回答し、運営にかかわる経費の支援についても五六市町村が可能としていた。

このように、内閣官房の調査からは、今後も私立大学の誘致で費用負担をするとしている市町村はまだ一定数はあるということが明らかとなった。

†大阪府高槻市の大学誘致支援調査から

内閣官房の調査は大都市部以外のすべての自治体を対象とした悉皆調査であり、網羅的に実施されてはいるが、質問項目などは一般的な聞き方をしているものが多く、少しだけリアリティーに欠ける嫌いがある。このような調査は同じ課題を持つ自治体が実施した方が、往々にして実態をより明らかにするものだ。質問項目をみればこの点はよくわかる。なぜなら大学誘致を真剣に考えている自治体にとってみれば、実際どうだったのか、という情報を切実に求めているからだ。

大阪府高槻市は、JR高槻駅北東地区市街地整備に際して、当初予定していた西武百貨店が再開発事業を断念したことから方針を転換した。その際、実施したのが「大学立地に係る先進的な取組についての調査」だった。二〇〇七年六月に開催された市街地整備促進特別委員会の参考資料である。

調査対象は、一九八九年度以降に大学立地に際して、何らかの支援を行っていると思われる五二市町を対象として、四三市町から回答があった。このうち、三九自治体が一九八九年以降の立地で、複数大学が立地しているところもあるため、大学数は四四だった。これらの自治体は人口二〇万人以下が約七五%、大学立地時点での予算規模は五〇〇億円以下が約六〇%と比較的中規模のところが多くなっている。

立地した大学の概要は、一学年の定員が二〇一人から五〇〇人までが半分の二二大学で、一〇〇〇人超は三大学、一〇〇人以下は二大学だった。学部の種類は医療・薬学系（一四大学)、経営・経済学系(一〇大学)が多くなっているが、その他も一四大学となっていて、この中には防災関連学部などが含まれている。敷地面積については一〇ヘクタール以上が一七、五〜一〇ヘクタールが一七で、市街地から離れた大学が多くなっている。

支援に関しては、例外なくすべての自治体で行っている。支援の方法(複数回答)については、市単独の支援が一九、県と市の共同の支援が一九と同数になっている。このほか、周辺自治体と連携した支援が六、その他(企業寄付)が一となっている。

支援の仕方(四四大学に対する複数回答)について最も多かったのが用地の確保で三七だった。つまり、八割以上の大学誘致を果たした自治体は、やはり明治以来の「慣例」を守ってきたのだ。このうち、無償譲渡が二一と全体の約六割を占め、無償貸与が一〇、その他が六となっていた。

用地の確保に次いで多かったのが大学の施設に対する補助金で二九、約三分の二で大学に対して補助金が支給されていたのだ。大学周辺のインフラ整備が一二、造成等に対する補助金が一〇で、そのほかも一二だった。

具体的な支援に関しては、施設に対する補助金では一〇億〜二〇億円と二〇億〜五〇億円がそれぞれ七で、五〇億円超も三大学あった。造成等に対する補助金では、二億〜一〇億円と二〇億〜五〇億円がそれぞれ三大学、大学周辺へのインフラ整備では五億〜一〇億円が三大学で、一〇億円超も二大学あった。このように、用地分も含めれば数十億円から一〇〇億円超の支援を行った自治体もいくつかあると推測される。

大学立地の効果（複数回答）については、まちの活性化に寄与しているが二九、官学連携事業などによりまちづくりへの助言をもらっているが二八、教育環境が整ったが二七となっている。

高槻市の調査結果のほうが、よりリアルに自治体の支援の状況を示していることがうかがえる。

†東海大学の事例――私大の地方戦略見直し①

私立大学の地方への展開として早期に実現し、また、その後戦略が練り直されたものとして東海大学の事例が挙げられる。

東海大学は松前重義が一九四二年に学園を創立し、翌年に静岡県清水市（現静岡市）に航空科学専門学校を開設した。一九四六年に大学令によって旧制大学として東海大学が誕生し、二〇二一年五月一日現在の在籍学生数は二万七一六一人となっている。

キャンパスは全国に七か所、東京都と神奈川県にそれぞれ二か所、静岡県と北海道、熊本県にそれぞれ一か所置いている。

東海大学が地方展開を行ったのが一九六〇年代だった。これは他の私立大学に比べるとかなり早い時期であった。一九六四年には東海大学熊本短期大学部が熊本市に開設され、一九六六年には東海大学工学部熊本教養部が設置された。

翌年には東海大学工学部札幌教養部が札幌市に開設された。この頃、北海道内で理工系大学の誘致が活発に行われる中で、まずは二年間の教養部が置かれたのである。一九七二年には旭川市に東海大学工芸短期大学が開学した。『東海大学五十年史』によれば、第一に地元旭川の市当局や市議会、それに商工会議所を中心とした産業界からの強力な誘致運動があったことと、松前重義に思想的に大きな影響を与えた内村鑑三が札幌農学校の出身であるということが挙げられている。

東海大学が北海道に進出してから一〇年後の一九七七年、短期大学は北海道東海大学に移行し、芸術工学部が設置された。これは、一九六八年に開設された国立の九州芸術工科大学芸術工学部に次ぐ日本で二番目のユニークな学部だった。また、一九八八年には札幌教養部が北海道東海大学の国際文化学部と工学部として新たに発足した。

東海大学の地方展開は九州でもさらに進められた。一九七三年には熊本短期大学部を改組して九州東海大学工学部が熊本市内に、一九八〇年には農学部が阿蘇に開設された。畜産の盛んな熊本県からの強い要望に応えたもので、西日本の私立大学で初の農学部であった。また、創立者の松前重義が熊本県の出身だったということが大きく影響したのだろう。

学校法人東海大学は三つの大学を持つこととなったが、一八歳人口の減少などによって志願者も減り、二〇〇八年にはこれら三つの大学が統合して再び東海大学に戻ることとなる。二〇一〇年には北海道東海大学と九州東海大学は在学生がゼロとなり、廃止されてしまった。

札幌と熊本、阿蘇キャンパスには現在も学部が置かれているが、旭川キャンパスについては二〇一六年に閉鎖され、土地と建物は旭川市に寄贈されている。

東海大学は、以前は静岡県沼津市にもキャンパスを置いていた。専門課程のある清水校舎に比較的近い沼津市郊外の地に海洋学部の教養課程を移転統合することとなり、一九七一年に校地を購入し、一九七三年に開設された。沼津キャンパスは一九八八年にはいったん廃止となったが、一九九一年からは開発工学部の施設となった。だがこれも二〇一四年度末に閉校し、施設と土地は沼津市に寄付されている。なお、工学部福岡教養部は一九九〇年に廃止され、付属高等学校として活用されている。

このように、全国に先駆けて大学の地方展開を地元自治体の要望などに応えて行ってきた東海大学ではあるが、大学間の競争の激化などで戦略を練り直し、早い段階で撤退・縮小を余儀なくされている。規模が大きい私立大学でも地方展開を長期間続けていくのは容易ではないということを東海大学の取組みは示しているようだ。東海大学に関しては福島県郡山市への進出の話もあったが実現しなかった。この点については後述する。

✝東京理科大学の事例――私大の地方戦略見直し②

東海大学同様、地方への展開に積極的だったのが東京理科大学だ。東京理科大学の前身は、一八八一年開校の東京物理学講習所（一八八三年に東京物理学校に改称）だ。京都帝国大学が一八九七年に設立されるまで、わが国の自然科学教育が行われたのは東京大学と東京物理学校だけだった。学制改革によって、一九四九年に東京理科大学が設置された。

東京理科大学が地方への展開を始めたのが一九八七年だった。北海道長万部町に基礎工学部の一年生が全寮制で暮らす長万部キャンパスを開設した。同年、山口県、小野田市（現山陽小野田市）、宇部市の要請を受け、小野田市に東京理科大学山口短期大学が開学した。一九九〇年には、長野県諏訪地方の自治体からの要請を受けて、茅野市に東京理科大学諏訪短期大学が開学した。

小野田市、宇部市ともにセメントなど重化学工業が盛んで、一九八四年には国から宇部フェニックステクノポリス地域の指定を受けている。諏訪地方は、松本市などとともに一九六二年に国から新産業都市の指定を受けるなど精密機械工業をはじめとした第二次産業が盛んな地域である。歴史を遡れば、製糸業の国内生産の四分の一を岡谷市が占めるなどして栄えたところでもある。これら二地域への展開が実現したのは、大学と地元の利害が一致したからでもある。

さらに一九九三年には埼玉県久喜市が約三〇億円の補助金を支出することによって、市内に東京理科大学経営学部が置かれた。

二つの短期大学のうち、山口は一九九五年に山口東京理科大学として、また、諏訪は二〇〇二年に諏訪東京理科大学としてそれぞれ四年制に移行する。しかしながら、志願者数の減少によって定員を満たすことができなくなり、山口は二〇一六年に、諏訪は二〇一八年に地元自治体の支援を受けて公立化したのだった。久喜キャンパスについても開設から二〇年も経たない二〇一一年に、大学から神楽坂キャンパスへ移転する方針が伝えられ、二〇一五年度末で閉鎖されてしまった。

なお、長万部キャンパスについては、長万部町が用地を無償譲渡するなど地元の全面的な協力で開設したが、東京理科大学は基礎工学部のキャンパスを撤退することとした。これに対して長万部町は存続を強く要望し、結果として新たに開設された経営学部国際経営デザイン学科の一年生が学ぶこととなった。学科の定員は二〇人と少なく、留学生八〇人も長万部キャンパスで一年間学ぶこととなっていたが、二〇二一年、二〇二二年とコロナの影響で長万部キャンパスは閉鎖されている。

もともとは基礎工学部の定員は三六〇人だったので、二六〇人の減となってしまったのだ。これだけで長万部町の人口の五％に相当する。大きなダメージであることが明らかだ。一方、北海道新幹線が二〇三〇年度に開業すれば、町には新幹線の駅が置かれることになっている。改めて、まちづくりの戦略を練り直すことが求められる。

テクノポリス法の施行など、地方での産業振興政策が展開された一九八〇年代以降、技術者の育成や研究者の確保などの観点から理工系大学や学部の誘致に熱心な自治体が多くみられ、これらのエールに積極的に応えてきた東京理科大学も、東海大学同様に方針転換を余儀なくされたのである。

久喜キャンパスの跡地のうち、西側は物流施設が立地したが、東側について、久喜市は跡地活用計画を策定し、用地の一部に学校給食センターを整備するとともに、市民レストランやインキュベーションセンターなどの民間活力を取り入れた新たな活用案を策定した。だが、積極的な参画意向を示す事業者がいないことなどから、計画を断念したのだった。その後、看護専門学校の誘致を進め、二〇二五年の開校を目指している。

跡地は市街化調整区域にある。つまり、本来は開発を行うべきではないところを、久喜市が半ば強引に地区計画を策定し、大学を誘致したのだった。跡地の横の道路は理科大通りと名付けられている。この名前はいつまで使われ続けるのだろうか。

†立命館大学の事例——私大の地方戦略見直し③

関西の大学の中で地方展開に積極的なのが立命館大学だ。その歴史は一八六九年、西園寺公望が私塾「立命館」を創始したところから始まる。一九〇〇年にその意志を引き継いだ中川小十郎が私立京都法政学校を創立し、一九二二年、大学令によって旧制立命館大学は誕生した。大学本部がある朱雀キャンパスには、専門職大学院だけが置かれ、京都市北区の衣笠キャンパスに学部を移転させるとともに、一九九四年には滋賀県草津市にびわこ・くさつキャンパスを開設した。キャンパス開設にあたっては、滋賀県が約五〇ヘクタールの用地を無償提供するとともに、滋賀県と草津市が約一三五億円の支援を行い、理工学部と政策科学部が置かれ、一九九八年には経済・経営学部も移転した。

さらに、二〇〇〇年には大分県別府市に立命館アジア太平洋大学が開学した。留学生と日本人が半数ずつ在籍し、日本語と英語による二言語教育システムを展開している。開学にあたっては、総事業費二九七億円のうち、大分県が一五〇億円、別府市が四二億円支援するとともに、別府市が市有地約四二ヘクタールを無償提供している。まさに大盤振る舞いである。

この点について、大分県では二〇一〇年に「大学誘致に伴う波及効果の検証――立命館アジア太平洋（ＡＰＵ）開学一〇周年を迎えて」を取りまとめている。これによれば、別府市における支出総額は年間約二一二億円、大分県経済に及ぼす経済効果は年間約二一二億円にも及ぶとされている。また、別府市の人口減少に歯止めがかかり、二〇歳代前半の学生が居住する割合は九州で最大となった。

県民意識調査によれば、「全般としてＡＰＵができて良かったか」との質問に対しては、「非常に良かった」と「多少良かった」とを合わせると七割を超えていた。このように大分県及び別府市はＡＰＵ誘致に多額の税金をつぎ込んでもそれ以上の効果があったと考えている。

一方、草津市では二〇一五年に経営学部と経営学研究科が大阪茨木市の大阪いばらきキャンパスに移転したため、約三七〇〇人学生が減少した。

大阪いばらきキャンパスはＪＲ茨木駅近くのサッポロビール大阪工場の跡地を取得して整備したものだ。茨木市移転でも立命館大学は自治体からの支援を引き出している。茨木市は国からの交付金約五億七〇〇〇万円を含めて三〇億円を立命館大学に財政支援している。

草津市では、二〇一八年度に食マネジメント学部が誕生したが、二〇二〇年、情報理工学部を大阪いばらきキャンパスに二〇二四年度移転することが表明された。これにより約二四〇〇人の学生が移り、びわこ・くさつキャンパスの学生数は約一万三〇〇〇人となる見込みで地元は困惑していると報じられている（京都新聞二〇二〇年八月二六日）。

草津市も別府市ほどではないにしろ、相当な財政支援をしているだけに、立命館大学の動きに戸惑いは隠せないのはよく理解できるところだ。一方、立命館大学からすれば、少子化が進行し、特に関西圏という大学が数多く立ち並ぶエリアでの学生の取り合い、という大学間競争が激しくなる中で、より魅力的な都心部にキャンパスを移し、学生の確保を目指すために決断した、というのは私立大学としては当然のことなのだろう。私立大学の中でもどこのキャンパスを選択し、どのような学部を集中させるかというのが、これまで以上に重要になってきているのだ。

その一方で、大学キャンパスは自治体からの支援が得られれば、二〇年程度は存続させるにしても、その後はもっと条件のよいところに移転しようと最初から大学側が考えていたのであれば、自治体は食い物にされてしまったということになる。草津市は立命館大学のキャンパスのうち、一部の移転に留まっているが、先の久喜市の例はそのような感じがしないわけでもない。

大学撤退は地域社会に、そして自治体に大きなダメージを与える。この点については第六章でも改めて触れることとする。

†大学を増やす自治体の戦略

若者の人口流出は自治体にとって大きな問題である。大学進学で都会に若者が流出し、卒業後もその多くが地元に戻ってこないことは、結局のところ、一八歳まで地方が教育などの手当てをして、都会が地方から若者という「資源」を事実上タダで手に入れることを意味する。魅力的な就職先が地方では少ないということが指摘されるが、地方の側は、決してそんなことはないと反論する。

多くの自治体は地元にもっと大学を、ということを特に一九八〇年代以降積極的に展開してきた。ここで考えられる策は、

① 国立大学を誘致する
② 私立大学を誘致する
③「自前の」私立大学をつくる
④ 自前の公立大学をつくる

となるが、国が国立大学を原則新設しないという方針の中では、①は現実的ではない。②は大都市部の学校法人に働きかける、というものだが、もちろんタダでは話は進まな

い。理想は学校法人の側から自治体に設置したい旨の相談をしてくれることだろうが、なかなかそのような状況にはなり得ない。学校法人としても大きなリスクを冒してまで地方に展開することは、いくらワンマンな経営者であっても理事会を通すことは至難の業だ。

このため、自治体は大学用地を無償で提供ないし貸与するとともに一定の財政支援を学校法人に約束するのが通例となる。財政面でのリスクが軽減されれば、当然のことながら理事会での理解も得やすくなる。これには先に触れた東海大学、東京理科大学、立命館大学が当てはまる。

③は②と類似点も多いが、地元で高校などを運営している学校法人に大学経営を担ってもらうものや自治体が中心となって新たな学校法人を設立するといったものだ。これらをひっくるめて本稿では公設民営大学と称している。

財政スキームについては②と同様だが、地元の学校法人が経営する場合、系列の高校からの推薦など一定数の学生が確保されやすいというメリットもある。他方で、②のような名の知れた大学の名前を「冠」としてつけているわけではないので、学生の確保では苦戦しがちだ。必ずしも系列の高校の学力水準が高くない場合などはなおさらだろう。

④は自治体が自ら大学の設置者となるということだ。公立大学の場合、国立大学のような国からの運営費交付金や私立大学の私学助成といった枠組みはないものの、地方交付税

の基準財政需要額に所要額が盛り込まれることによって、設置元の自治体に対する地方交付税の交付額が理論上は増え、国立大学と同等の学費で運営することが可能となる。この場合、学部ごとの所要額の多寡も考慮されている。

ここで理論上としたのは、東京都のような財政的に豊かで地方交付税が交付されない不交付団体の場合は、結果的には財政上のメリットが受けられない場合がほとんどだからであるという点と、地方交付税に所要額が算入されるといっても、日本全体の地方交付税総額は公立大学が増えた分だけ増額されるものではなく、その総額は国税の一定割合と法定されていて、あくまで理論上（計算上）ではという点があるからだ。

以下では、対照的な戦略を講じてきた地方の五道県の取組みを紹介する。

一つ目は大学進学率が全国最下位クラスで低迷していた中で、公設民営大学を積極的に設立し、県内の大学数を大幅に増やすとともに、大学進学率も三〇位前後にまで上昇した山形県である。二つ目は県外の学校法人の力を借りて二つの公設民営大学を設立した新潟県である。三つ目は、新潟県とは対照的に公設民営大学の設置などに比較的消極的だった長野県である。長野県に関しては合わせて県庁所在市における大学の設置状況についても考察する。四つ目は、県内の市で大学誘致の動きが相次いだものの、十分な成果が得られているとはいい難い福島県の事例である。五つ目は、早い段階から大学誘致を進め、成功はしたものの撤退を余儀なくされた紋別市と、大学誘致運動を繰り広げた末に自前の公立大学開設の道を選んだ函館市と釧路市を有する北海道の事例である。

†新潟県の地元志向

今の都道府県の枠組みが固まったのは一八八八年、当時は新潟県が東京や大阪を凌ぐ最も人口の多い県だった。これは江戸時代から穀倉地帯の越後平野を抱え、農業が盛んだったことの証でもある。一方、教育に関しては他県に比べると出遅れていた感は否めない。明治期、各地で旧制高等学校、いわゆるナンバースクールが誕生する中で、金沢に第四高等学校が設立された後、それに続くことを目論んだものの、一九〇〇年には第六高等学校の招致で岡山に敗れ、その後の七高（鹿児島）、八高（名古屋）の設立争いにも敗れてしまった。

出遅れていたのは高等教育だけではなかった。義務教育の就学率は明治初期には全国最下位クラスに低迷していた。ちなみに江戸時代に寺子屋の数が全国一多かったとされる長野県が全国一だった。

戦後も、新潟県では大学進学率の低さが教育界では問題視された。一九八六年から一九八九年までの四年間は連続して全国最下位となるなど、何度となく都道府県の中で全国最低となった。ちなみに最下位争いを繰り広げていたのは沖縄県だった。

新潟には、「杉と男の子は育たない」という、格言というよりも一種の都市伝説のようなフレーズが年配層を中心に流布していた。これは、風が強いために杉の木がまっすぐに育たないということにかけて、新潟は女性のほうが男性よりも芯が強くてしっかりしているということを言わんとしていると教えられたことがある。

事の真偽はともかく、以前は新潟では東京の大学に進学するくらいなら自動車を買ってあげるので地元に残れ、そして大学に行くよりは手に職をつける上でも地元の専門学校の方がいいという意向を持つ親が多かったという話も聞いたことがある。いずれにしても、教育に熱心な土地柄ではなかったのだ。

†新潟県に続々誕生する公設民営大学

新潟県内には新潟大学、長岡技術科学大学、そして上越教育大学と国立大学は三校ある。これは第二章でも見てきたように田中角栄ら政治家の「プレゼント」という側面は否定しえない。一方、一九八二年に開学した私立の国際大学（大学院大学）はあるものの、一九八八年に新潟産業大学が柏崎市に開学するまで、四年制の私立大学は皆無だった。このような状況を打開すべく、新潟県は政策の転換を図り、新設の大学に対して多額の補助金を交付する制度を設けたのだった。

これにより、一九九一年の敬和学園大学を皮切りに、一九九四年には長岡造形大学と新潟経営大学、新潟国際情報大学が、一九九五年には新潟工科大学が開校した。二〇〇〇年には新潟青陵大学が、二〇〇一年には長岡大学と新潟医療福祉大学とわずか一〇年ほどで八つもの四年制大学が誕生したのである。これらの大学では新潟県や地元市町村が補助金を交付し、用地を無償で貸し付けるケースなどもみられた。

新潟市内に開校した新潟国際情報大学は創設費用の九〇億円のうち、半分の四五億円を新潟市が、二〇億円を新潟県が助成している。つまり全体の七割以上が自治体の財源でまかなわれたこととなる。

その後も大学の新設が相次ぎ、二〇二二年には国立大学三、公立大学四、私立大学一三の二〇と一九八七年の三校から三五年間で四年制大学は七倍近くになった。ちなみに大学院大学も含めると二二となる。平成、令和と時代が移る中で、大学数の増加率では新潟県が断トツの一番だ。また大学が集中している五都府県（東京都、愛知県、京都府、大阪府、神奈川県）や北海道、千葉県、埼玉県、神奈川県、福岡県に次いで一一番目に多い。

自治体の財政事情が厳しくなってきたこともあって、以前よりは助成額は減り、その支給条件は地元就職率などの指標を用いて厳格化されている。大学のホームページや自治体の資料などによれば、二〇一八年に開学した新潟食料農業大学に対しては、新潟県が二〇一七年度から二〇二三年度までの間で最大六億八〇〇〇万円を、キャンパスがある新潟市が二億円を、胎内市が二〇一七年度から二〇二〇年度まで最大一億五〇〇〇万円を支給することとしている。

ちなみに新潟食料農業大学の設置経費は四四億六〇〇〇万円だったので、助成額は県と市の額を合わせて最大でも一〇億三〇〇〇万円と四分の一程度の補助率となる。一九九〇年代に比べるとその額も支給割合も少なくなっているのだ。

新潟県内では、平成以降、一七の大学（大学院大学を含む）が開学し、そのうちの一四が私立大学だった。また、三つの公立大学が新設され、公設民営大学としてスタートした長岡造形大学は二〇一四年に公立化された。公立大学の建設費も含めれば、この三〇年ほどで新潟県内では一〇〇〇億円近い公費が新潟県や県内の市町村から投じられてきたということになる。もちろん、これらの予算は議会によって審議され、議決を経ている。各議会の議事録を検索しても、特段強い反対はなかった。

果たしてこの政策は成果を挙げたのだろうか。新潟県の大学進学率は一九九八年には全国で三〇番台となり、二〇〇八年には四八・七%と二九番目にまで順位を上げている。その後は概ね三〇番前後となっている。

また、四年制大学に進学した者のうち、県内大学の割合は一九八九年には二〇・八％だったのが三〇年後の二〇一九年には三九・五％と大幅に増えている。これらのデータを見る限りでは、新潟県の政策は一定の成果を挙げたといえるだろう。

†県と市がコラボして誕生した山形の東北芸術工科大学

山形県は東北地方の他県同様、大学進学率が低く、しかも大学の数が少ない県だった。戦後四〇年余り、県内の大学は山形大学だけだった。山形市から仙台市までは在来線を使えばなんとか通学できるという事情はあるにしても、この状況を重くみた山形県は自らが中心となって大学の設立を検討した。山形大学開設から四三年が経過してようやく県内二番目の大学として一九九二年に誕生したのが東北芸術工科大学である。

山形県も新潟県同様、大学進学率は全国最下位クラスだった。経済界を中心に大学設立を求める声は強く、一九八〇年代半ばになると山形県、山形市双方が大学設立や誘致に関する方針を策定したことから、両者が協力して取組みを始めたのである。

一般的には都道府県と県庁所在市は、施設建設をはじめ、様々な点で利害がぶつかることが少なくない。あるいはいわゆる二重行政として問題視されることもあるが、大学に関しては山形県と山形市の利害は一致したのだ。

もちろん、県も市も公立大学を運営したこともなく、大学経営に関するノウハウはなかった。一つの選択肢としては山形県と山形市が一部事務組合を設置して、組合立の公立大学を設立するというものもあったが、芸術系というある種特殊な分野の大学を構想したこともあって、既存の学校法人の協力を得ることが考えられた。

協力を行ったのは京都芸術短期大学を一九七七年に設置した京都の瓜生山学園だった。学園は山形県・山形市に協力を開始した時点ではまだ四年制大学の運営の経験はなかっただけに、ある意味、県と市は一種の賭けに出たとみることもできるだろう。なお京都芸術短期大学は一九九一年に四年制に昇格している。

大学設置経費は用地取得を含めて一四九億円、県と市がそれぞれ半分ずつ負担をし、また、事務局に関しても当初はやはり県と市から多くの職員が出向した。東北芸術工科大学の場合、学校長推薦といった山形県内の枠は設定されておらず、入学金や授業料に関しても山形県在住者が優遇されることはない。

†山形県が主導した東北公益文科大学

次に山形県が取り組んだのは大学がなかった酒田市に設置することだった。当時、北海道と東北の人口一〇万人以上の市の中で、大学がないのは酒田市だけだった。ちなみに隣の鶴岡市には山形大学農学部のキャンパスが置かれていた。二〇〇一年に開学したのが東北公益文科大学だった。こちらは慶應義塾大学の支援を受けている。

なぜ、慶應だったのか。それは一人の大学教授の存在がある。当時、慶應義塾大学に在籍していた伊藤滋は、都市計画の第一人者であるとともに、東北芸術工科大学の創設に関わった委員のひとりだった。山形県の関係者が伊藤に相談したところ、慶應義塾大学の教員との勉強会を提案され、それが大学の設立につながったのである。

実は大学時代、筆者は伊藤教授の研究室に所属していて、この辺の経緯を卒業後に聞いたことがある。伊藤は国土政策にも詳しく、当時の国土庁の政策にも深くコミットしていた。大学の地方進出についても国土庁は学園計画地ライブラリーを設けて支援を行っていた。また、伊藤の人脈の広さは関係者ならだれでも知っていた。一九九四年開学の長岡造形大学の創設にも関わっていたのだった。

東北公益文科大学は、東北芸術工科大学で得たノウハウなども生かしながら日本初の「公益学」を学ぶ大学として開学した。山形県が八三億円、酒田市、鶴岡市などの一四市町村が六七億円の経費を負担している。また、同時期に鶴岡市には慶應義塾大学先端科学技術センターが設立された。山形県と鶴岡市が共同で進めた鶴岡サイエンスパークに自治体の支援なども得て慶應義塾大学の新たなタウンキャンパスが誕生したのである。

山形県は、県外の学校法人の支援を受けながら個性的な大学を設立し、学生に関しても県出身者を優遇することなく県外からその多くを集めている。その結果、県内の大学進学率の向上に関しては、新潟県ほどの成果は挙がってはいない。

†教育県・長野の大学事情

新潟県と隣接し、教育県と称されるなど教育熱心な地域性があるとされてきた長野県、しかしながら実態をみると必ずしもそうではないことが住んでみると分かってきた。

大学進学率に関しては、新潟県よりは高いものの、近隣の富山県や石川県、岐阜県、そして山梨県に比べると低くなっていて、概ね二〇番台の中盤という位置にあった。二〇二〇年のデータでは長野県は四九・一％で三〇位、新潟県は四八・四％で三二位、長野県のほうが上回っているがその差は以前に比べると大きく縮まっている。これも新潟県の政策によるところは大きいだろう。

だが、ここで「データの罠」ともいうべきことが隠されているのだ。これまであまり注釈をつけずに大学進学率という指標を使ってきたが、一般的には大学・短期大学等進学率、あるいは大学等進学率と称される。ここには短期大学への進学者も含まれているのだ。

長野県の「大学進学率」が概ね全国順位では真ん中くらいだったのは、短期大学への進学者が特に女子で多かったからである。この傾向は大分県や鹿児島県などにもみられるもので、長野県はある意味、「短大大国」だったのだ。だが、短期大学が相次ぎ四年制大学に生まれ変わるなど、全国的には短期大学の数は大幅に減少している。

文部科学省が作成した資料はインターネット上に様々な形で公表されている。その中で、「九．大学入学者等の推移」と題された資料では、二〇一八年の進学率に関して四年制大学と短期大学を分けて記載している。それぞれ小数点以下を切り上げた値が示されていて、両者を足すと長野県は四八％となるが、四年制大学だけでは四〇％、これは新潟県の四二％よりも低く、関東、中部、近畿の二三都府県の中では最低だ。ちなみに二〇一八年は長野県短期大学が改組され、長野県立大学が開学した年である。

長野県の関係者は、短大を含めた進学率にばかり目が向き、四年制大学への進学率については必ずしもあまり関心を示していなかったのではないだろうか。大学に関しては、一九八九年には信州大学、長野大学、松本歯科大学の三大学に過ぎなかった。二〇二二年現在は一一大学と増えてはいるものの、新潟県の半分だ。この中には公立大学が四つ含まれている。このうちの二つは長野県が開設した長野県看護大学と長野県立大学だ。看護大学は県の直営であるのに対して、県立大学は公立大学法人が運営している。

二〇一七年には、長野大学が上田市を設置母体とする公立大学に移行した。前述の諏訪東京理科大学は二〇一八年に公立諏訪東京理科大学に生まれ変わった。

†高校生に「優しくない」長野県?

この小見出しをみると、長野県庁が高校生に本気で優しくない態度を取っているように思うかもしれないだろう。長野県庁だけの責任ではもちろんないのだが、長野県内には大学が少なく、また、地理的な要因もあって結果として選択の余地が他県よりも狭くなっているということなのだ。

様々なところで引用される「都道府県別大学進学者収容力の変化」というグラフがある。これは、各県の大学入学定員を分子に、各県に所在する高等学校の卒業者のうち大学進学者の数を分母にした指標で、二〇〇二年と二〇一五年の状況が比較されているものがある。大学が集積する東京都と京都府では収容力が二〇〇％程度と突出し、福岡県や滋賀県、宮城県、石川県、愛知県、岡山県が概ね一〇〇％程度となっているのに対して、長野県、三重県、和歌山県は四〇％を切っている。

これら三県は、仮に県内の高等学校を卒業した者だけが県内の大学に入学できるものとしても、六〇％以上の進学予定の高校生は県外に行かなければ大学に入学できないということを意味している。実際のところ、表面的なデータが示す以上に長野県にとっては深刻なものである。三重県在住であれば、桑名市や四日市市、鈴鹿市といった県北部地域はもちろんのこと、津市在住であっても近鉄の在来線を使って愛知県の大学に通学することは可能だ。名張市方面からは奈良県を経由して、大阪府の大学も通うことができる。和歌山県でも人口の四割ほどを占める和歌山市からはやはり大阪府の大学は通学圏内だ。多くの場合、特急料金を払わなくても通えるのだ。

これに対して長野県の場合、在来線で県外の大学へ通学するのはほぼ不可能だ。例えば佐久市や小諸市、あるいは軽井沢町から群馬県内の大学に通おうとしても在来線は碓氷峠のところで切れている。松本市や諏訪市から山梨県甲府市の大学に通うことは可能だが、特急あずさを使わないと厳しいだろう。飯田線がつながっているとはいえ、飯田市から豊橋方面への通学は実質不可能だ。もちろん、新幹線を使えば長野市からでも富山市や高崎市の大学に通うこともできなくはないが、毎月の定期代は相当な額に及ぶ。

残念ながら、大学進学を目指す高校生にとっては、長野県は一番優しくない県であるということがいえるのだ。ちなみに、これら三県の次に収容力が低い福島県は北部なら仙台への通学も可能だ。同様に収容力が低い茨城県や佐賀県も周辺県の大学に通うのは必ずしも難しいことではない。

このように、収容力というデータそのものが示す以上に長野県の状況は深刻なのである。

表面的なデータが示すものだけでなく、より中身に踏み込んで分析するという姿勢が長野県にはもっと必要だったのだ。

新潟県の取組みは、ちょっとやり過ぎでは、という感じも受けるが、一方で長野県の場合はやらなさ過ぎだったのではないだろうか。このほか、高校に関しても、ここ一〇数年来、県外の受験生を積極的に受け入れる公立高校が増えている。島根県の隠岐島前高等学校が様々な取組みで高校の魅力化を進め、これによって受験生のV字回復を達成した。地域活性化の面でも高校生の活躍が注目され、全国各地で同様の取組みが進められている。高知県や北海道などでも島根県の動きに触発されて、魅力的な高校づくりが盛んに行われている。これに対して、長野県の公立高校で県外の受験生の受け入れを認めているのはわずか三校しかない。

もちろん、長野県も二〇一六年に長野県高等教育振興基本方針を定め、ここで掲げたものとほぼ同じ問題意識のもとに、長野県として政策の方向性を定めてはいる。ただ、これまでのところ十分な成果を上げているとはいい難いのが実情だ。新潟県の例でも、成果が目に見えてくるのはかなりの時間がかかる。

現実問題として、他県で公立大学の設置が相次いだ一九九〇年代は、長野県内はオリンピックムード一色だったので致し方ない面も多々あるのだろう。施設の建設や大会に向けた準備など、とても大学設置というところまでは手が回らなかったのだ。

長野オリンピックは大成功のうちに終わったと一般的には考えられているが、施設の維持管理などをどうするかが議論となり、そのような中で知事に当選した田中康夫は、公立大学の新設には消極的だったといわれている。ダムはもちろんのこと、大学の新設も無駄な公共事業とみなしていたようだ。

✝最も大学過疎だった長野市

大学過疎というと、長野市の関係者は異論を唱えるだろうが、一八歳という立場からすれば実際そうだったのである。

県庁所在市には大学があると誰もが考えるだろう。実際、ほとんどの都道府県で国立大学の本部は県庁所在市に置かれている。その例外は青森市と長野市だ。青森県の国立大学である弘前大学はその名のとおり、本部は弘前市にある。信州大学の場合は、長野市ではなく松本市にある。それでも、長野市内には教育学部と工学部があるのでは、と多くの市民は考えるが、この両学部は二年生以上を受け入れている。つまり、信州大学の一年生はみな松本市で学んでいるのである。

実は、長野市は長らく大学一年生がいない、県庁所在市唯一の街だったのだ。青森市の場合は、国立大学はないものの、一九六八年には青森大学が開学していた。それに対して長野市には私立大学はなかったのだった。

もちろん、長野市もなにもしていないわけではなかった。一九八二年には大学立地懇談会を設置するとともに一九八六年には大学整備基金を設け、また、総合計画においても四年制大学の誘致を掲げていたが、二〇世紀中に日の目を見ることはなかった。大学の誘致に成功した自治体の多くは一九六〇年代から一九七〇年代にはなんらかのアクションを起こしている。長野市には信州大学の二学部が置かれていたため、危機感があまりなく出遅れてしまったのだろう。

長野市内に最初に誕生した私立大学は、清泉女学院大学で二〇〇三年に開学した。これによって、長野市に入学することができる大学が登場したわけではあるが、名前が示すとおり、女子だけで、男子にとっては入学する大学はまだなかったのだ。

二〇一五年に長野保健医療大学が開学して、ようやく男子が入学できる大学が長野市に誕生したのである。その後、長野県短期大学を改組して二〇一八年に長野県立大学が開学するが、周辺県の県庁所在市に比べても一八歳から二二歳にかけての年齢層の割合は長野市が最も低くなっている。専門学校も決して多いわけではない。これもオリンピックの負の遺産といえるのかもしれない。長野市議会の会議録の中でも、大学誘致や公立大学の設置について、何度となく触れられてはいるが、他の自治体に比べると執行部側も議会側も熱量が足りない感じがするのは否めないところだ。

†熾烈だった福島県の大学誘致合戦

多くの県で自治体が激しい大学誘致合戦を繰り広げてきた。その中でも熾烈を極めたのが福島県だった。このことは地理的な状況もさることながら、福島県の歴史を抜きにしては語ることができないのだ。

今の福島県のエリアは、明治維新によって大きく揺れ動く。当時もっとも栄えていたのが若松、現在の会津若松市だった。しかしながら会津藩は戊辰戦争で新政府軍と激戦の末敗れ、旧領は直轄地とされてしまう。廃藩置県後の一八七六年、福島県、若松県、そして磐前県が合併して福島県の原型ができたが、県庁所在地は福島市で、県の北部に位置していた。このことに対しては県内から様々な不満の声が上がり、また、旧若松県のエリアでは分県運動も繰り広げられた。

県庁の位置について、福島市ではなく地理的にも真ん中にある郡山市にしようと一八八五年三月、福島県会は移転を決議した。しかしながら内務省は一八八六年五月、県庁移転の上申書を却下するとともに、西端に位置する東蒲原郡を新潟県に編入させてしまったのである。これなら福島市が県都で問題はないだろうと、明治政府は福島県を屈服させたのだ。

また、福島県内の市の人口ではいわき市、郡山市、福島市の順となっていて、三市は様々な面でライバル関係にあるとも称される。産業政策に関しては、いわき市（当時は磐城市など一四市町村）は一九六四年、新産業都市に指定され、郡山市は一九八六年、テクノポリス地域に指定された。一方、会津若松市もこれら三市に人口では劣るものの、やはりライバル関係にあった。当然のことながら、大学誘致でも同様だった。

†東海大学の誘致を断念した郡山市

大学誘致は常にうまくいくわけではない。また、大学のキャンパスがすでにあっても、もっと誘致したいと考える自治体関係者も少なくないだけに、競争は当然のことながら激化する。東京近郊で、大学誘致を繰り返し進めながら、十分な成果を収めることができなかった都市として、福島県郡山市がある。

郡山市は、福島県の中央部、いわゆる中通りに位置している。明治に入って安積疏水が作られ、安積開拓によって肥沃な地に生まれ変わった。一九二四年に市制が施行され、商都として、その後は工業都市として発展を遂げた。

郡山市に最初に大学が設置されたのは一九四九年のことだった。二年前に神田から移転してきた日本大学の専門部工科が日本大学第二工学部として開設されたのだった。その後、一九六六年に工学部と名称を変更し、現在に至っている。

一九六六年には郡山女子大学が、一九七二年には東北歯科大学（現奥羽大学）が開学している。このように三大学があるだけでも十分という考え方もあるが、その後も郡山市は大学誘致を進めてきた。東北本線と東北新幹線が通り、東北自動車道と磐越自動車道が交差するなど、交通の要所として魅力的な場所であることはだれの目からも明らかだ。開発余地があり土地にも恵まれている。これだけのセールスポイントがあれば、大学立地を考える学校法人が出てきてもおかしくはない。

一九八〇年代、郡山市は東海大学の誘致を試みる。一九八四年、当時の郡山市長だった高橋克と東海大学理事長との間で東海大学新学部設置に関する基本協定書が締結される。協定書によれば、郡山市は約五〇ヘクタールの用地を無償譲渡するとともに造成費用などを負担するとされていた。市の認識では総額で約四〇億円程度だった。予定されていたのは医用理工学部と経営情報学部だった。福島県も財団法人郡山地方高等教育振興事業団を発足させるなど支援体制を整えていた。開学は一九八八年の予定で、場所は磐梯熱海温泉近くの長橋地区だった。

東海大学は、郡山市が誘致運動を進める前には、同じ県内の福島市への進出を検討していたが、福島市が積極的でなかったこともあって郡山市に乗り換えたのである。

翌年、新市長となった青木久は東海大学と協議し、大学側から総額で一二五億円の負担を求められたのに対して、八五億円を限度とし、残りの四〇億円については双方が寄付など資金調達で協力するといった内容の覚書を一九八六年にかわしたとされている。

結局のところ、四〇億円を調達する見込みも立たずに、一九八七年の三月定例会で青木は誘致の断念を表明した。青木は、後述するいわき市の事例に比べても多額であることを断念した理由の一つであるとするとともに、一方で会津県立大学創設に対して四〇〇億円超の県費を投入することに対する不満を自叙伝で述べている。

†迷走する郡山市の大学誘致

東海大学の誘致を断念した一方で、青木は「アメリカの大学」の誘致を進めている。まだ東海大学の誘致を進めていた一九八六年一〇月、テキサスA&M大学の誘致について調査検討をはじめて、一九九〇年に日本校を開学させている。郡山市からの財政支援は約二五億円を限度とすることで、新キャンパスの建設を前提に、当初は仮校舎で郡山駅前に開設された。

しかしながら、学生は思ったようには集まらなかった。青木はテキサスA&M大学日本校をテクノポリス構想の牽引役(けんいん)と位置づけ、郡山西部研究学園都市に新校舎の建設を考えていたが、福島県の都市計画審議会の審査で保留となり、結局は一九九四年に廃校となった。青木の自叙伝によれば、

一大学園研究都市建設をすすめることとして、県の指導を受けながら、建設省、農水省との協議も終わって、すでに許可され、(中略)このまま順調に進むことは確実と待っていたところ、アメリカ大学に反対を続ける市会議員が県に対し、西部研究学園都市の開発を認めないよう邪魔をする陳情を行ったため、佐藤知事は、この反対議員に加勢して、この認可を突然保留として認めなかった。

一方、郡山市議会の会議録によれば、青木は、一九九三年の六月定例会で、「市街化区域及び市街化調整区域の変更手続において地元地権者等の関係者の同意が得られていないこと、事業主体が決定していないこと及び事業に対する熟度が充分でないことなどの理由で市街化区域編入が保留されている」と説明している。「アメリカの大学」誘致には当初から反対も多かった。一九九四年の市長選挙では総務部長などを歴任した藤森英二が、元

上司であった青木を破って当選している。藤森は同年九月議会で以下のように答弁している。

TAMU／K問題（テキサスA&M大学問題）を、いわき市の明星大学や県立会津大学など県や他の市の対応などについてのご指摘もございましたが、この問題を国内大学の誘致とラップさせ、同次元で論じることは問題のすりかえであり、当時は国内大学の誘致を先行すべきであるとの意見もあったのを無視し、安易なアメリカ大学日本校に飛びつき、その結果はご承知のとおりであります。誘致や学校運営のミスを他に転嫁させようとする論議としか、私には考えられないのであります。さらに、TAMU／K誘致から今日に至る過程の中で、前にも申し述べたところでありますが、全体計画そのものがずさんであったため、県は学園都市を特定保留地域としたもので、自分の責任を棚上げし、責任を他に押しつける発想としか考えられません。

二人の元市長はすでに亡くなられているので、これ以上確認のしようはないが、大学の誘致を巡って様々な意見の対立があったことだけは事実のようである。

一九八〇年代には、このほか、暁星国際大学などいくつかの大学誘致の話もあったが、すべて立ち消えとなった。その後も二〇〇二年には広島にキャンパスを置いていた立志舘大学の学部新設の、二〇〇三年には東北文化学園大学薬学部新設の話があったが、ともに学校法人側の問題などで頓挫した。二〇一四年には（仮称）国際復興記念大学医学部の郡山市への設置が申請されたが、文部科学省は認可せず、東北地方の新たな医学部は東北医科薬科大学に置かれることになった。二〇一六年には農学系学部の設置を検討していた福島大学に郡山市は誘致を申し入れたが、これも設置は福島市内になってしまった。

郡山市では何度となく大学設置の話が出ては消えの連続だったのである。これだけ話題になるということは、それだけ立地条件には優れているということなのだろうが、何か欠けているピースがあったのだろうか。

†明星大学誘致を巡る白河市といわき市の明暗

大学誘致で迷走したのは郡山市だけではない。松平定信ゆかりの白河市もその一つだ。明星大学の話が最初に来たのは白河市ではなく、隣接する西郷村だった。明星大学は一九六四年に開学し、当初は理工学部だけだったが、その後学部を増やすとともに東北地方での大学新設を考えていた。事務総長の鈴木栄吉が福島県西郷村の出身で、村長で後に県議会議員を務めた佐藤帰一に相談したことがきっかけだった。

大学側としては用地三〇ヘクタール、建設費数億円の寄付を期待する中で、西郷村としては土地はともかく、寄付金は村の規模からしても困難だろうということで白河市長の木ノ戸徳重に相談したのである。白河市は一九六七年から検討を積み重ね、用地と建設資金として三億円を提供することを一九七二年の九月議会で大激論の末可決した。一九七四年開学に向けて準備が進められる中、一九七三年四月に行われた市長選挙と市議会議員選挙で情勢は一変した。

五選を目指した木ノ戸は新人の今井英二に敗れ、市議会の構成も大学反対派が多数を占めたため、大学誘致は白紙撤回された。反対派は用地取得分も含めた五億五〇〇〇万円は義務教育や高校増設に使うべきだと主張し、また、新市長は国立大学の誘致も公約に掲げていたが、その後、実現には至っていない。

確かに当時白河市の人口は四万人弱、五億五〇〇〇万円は決して少ない額ではない。ただ、物価等を考慮してもその後の大学誘致に投入された自治体の補助金の額などと比べるとむしろ少ない額だった。しかも、一九七三年には東北自動車道のインターチェンジが、一九八二年には東北新幹線の新白河駅が開業することとなっていた。これらのことを考慮すれば、先行投資としては妥当なものだったとも考えられる。

結局のところ、一九八七年に明星大学はいわき市にいわき明星大学を開学させている。

いわき市でも一九六〇年代後半から大学誘致の動きをみせている。ちょうど白河市と同時期だった。国立大学も検討しつつ、私立大学も二、三候補が挙がっていると一九七一年三月の定例会で当時の市長は述べている。新産業都市として、また、エネルギー革命で疲弊した炭鉱地の再生も目指して理工系大学の誘致を中心に活動していたが、県内でも郡山市や会津若松市が積極的な取組みをしていて、なかなか成果を上げることができなかった。

一九七八年三月定例会では、いわき市に接触があった私立大学として、明星大学、日本大学、茨城キリスト教大学の名前が挙がっている。その後、いわきニュータウン内に大学用地を確保したことから明星大学と交渉を続け、用地費や造成費、校舎建設費の助成など七六億円を長期にわたって負担することとし、一九八七年、理工学部と人文学部からなるいわき明星大学は誕生した。

白河市と比べると時期等の違いを考慮しても、いわき市の負担はかなり大きくなっているが、その後、いわき明星大学は学部の改組をたびたび行い、二〇一九年には医療創生大学と名称を変更した。現在は薬学部、健康医療科学部、看護学部、心理学部、国際看護学部（柏キャンパス）と開学当初の理工系とは大きくその姿を変えている。大学存続のためとはいえ、いわき市の当初の目的は産業振興であり、理工系学部の誘致だった。この状況をいわき市や白河市の関係者はどのようにみているだろうか。

†粘りに粘って県立大学開学にこぎつけた会津若松市

会津若松市にとって、大学開学は長年の悲願だった。もし、戊辰戦争で幕府軍が勝利していたら、会津若松市は福島県の県庁所在市として繁栄していたのかもしれなかっただろう。歴史に、もしも、は禁句なのだろうが、会津地方の人の中にはいまでもそういう思いを抱くものも少なくないだろう。

戦後、会津地方では会津若松市を中心として何度となく大学の誘致を行ってきたが、成果を上げることはできなかった。具体的には、一九六七年に関係二六市町村で構成される会津相互開発協議会が、県立会津短期大学の四年制昇格を目指したことが最初の動きだった。その後、一九七〇年には会津に国立大学をつくる会が民間によって結成され、市長や議会などによって会津若松市大学誘致促進会議がつくられた。つくる会は、会津地方の人口の約七割に相当する一五万二〇〇〇人の署名を集め、関係方面に再三陳情するなど活発な活動を繰り広げていた。

ちょうどこの頃、国では新構想大学の動きがあることから、会津地方でも教員養成大学院大学の誘致を目指した。一九七四年に第一号として兵庫県に設置されることが決まった後も、上越市、鳴門市、鹿屋市のほか、会津若松市や大分県日田市など十数市が文部省などに陳情活動を行っている。一九七八年には会津若松市国立大学設立準備委員会を設置したものの、結果として上越市と鳴門市に大学が開設されることとなり、運動は成果を出せなかった。

その後、国立、公立、私立にこだわらず、四年制大学誘致運動として展開していくことに方針を転換し、一九八四年には民間団体の名称は会津に大学をつくる会に改め、運動は引き続き行われていった。その際、東北芸術工科大学構想というものも有識者によってまとめられている。もし、これが実現していたら、山形県では別の名前の大学を模索することになっただろう。

国立大学から県立大学の設置に運動の流れは変わり、地元の強い要請に対して福島県も一九八八年、ついに会津地域大学整備懇談会を設置して検討を進めた。ここで一気に大学整備が進むかに見えたが、ひと悶着となったきっかけが同年九月に行われた福島県知事選で、会津若松市長の早川広中が、当選した佐藤栄佐久の対立候補を応援したことだった。このこともあって、市長と県の関係がぎくしゃくし、市長は大学誘致よりも市民会館の建設を優先させるべきとしたこともあって、市議会も紛糾したのだった。九一年の市長選で早川は落選し、県立大学の準備作業は粛々と進められ、一九九三年待望の会津大学が開学した。ここでも大学を巡る政治の動きが顕在化したのである。

会津地方には富士通、モトローラ、オリンパスなど情報先端産業の立地が多かったという事情も、コンピュータ理工学部を持つ日本最初の大学が誕生する素地となったのである。今や、会津若松市はスマートシティ、自治体DXの先進地として多くの視察を受け入れるなどICT分野ではトップランナーの存在だ。これも四半世紀にわたる会津の人びとの大学誘致に向けた粘り強い努力の賜物である。会津にはかって日新館という日本有数の藩校があった。江戸時代には仙台に次ぐ東北第二の文化都市と称された会津若松市に、明治維新の苦難の日々から一二五年の時を超えて誕生した会津大学が地域の宝となったのである。

✝大学撤退に翻弄された北海道紋別市

北海道は、東京都、大阪府、愛知県についで大学が四番目に多い都道府県であり、大学誘致も道内各地で積極的に行われてきたが、その一方で大学の撤退も相次いでいる。

大学の撤退というのは、比較的最近起こっていると思うかもしれないが、実は二一世紀に入ってからの話だけではない。すでに一九九〇年代には北海道紋別市でキャンパスの撤退という形で表れている。この点については、『紋別市史』や滝ヶ平真也の論文を参考にしながら論じることとする。

紋別市は、オホーツク海沿岸の数少ない天然の良港として漁業や東洋一の産出量を誇った鴻之舞金山などで栄え、一九六〇年代には人口も四万人を超えたが、現在は二万余り、流氷観光などが有名だ。紋別市は、長らく高等教育機関の誘致に力を注いできた。一九五四年策定の新市建設計画では実業短期大学を設置する構想が示されるなど誘致活動を展開していたが、なかなか成果を挙げることができなかった。一九七三年に当時の市長が北海道産業短期大学（後の道都短期大学）に働きかけ、市議会も誘致を可決した。

当初は工学部の設置を目指していた。オイルショックによる景気低迷や経費の面から方針を転換し、一九七八年に道都大学（現星槎道都大学）が紋別市に開学した。文部省が大学新設に対して抑制的な姿勢を見せていた時期での開学は、政治力も借りたのではないかと思われる。学部は社会福祉学部と美術学部で、紋別市が用地を無償貸与するとともに、キャンパス内の整備に市として約八億円、大学建設期成会からも一億円余りの援助が行われている。

紋別市の規模でこの当時の八億円というのは、その約五年前の白河市が申し出た支援が約三億円だったことも考えれば、それなりに思い切った判断だったのだろう。その後も紋別市は基金を設けて支援を行ったが、一九八七年、大学側は大学運営の恒久安定を理由として用地の無償提供と毎年運営助成金として二億円を求める要請を行った。これは一九八〇年代に入ると定員割れが続いたことが最大の要因だった。

紋別市は用地を提供するとともに、一九八八年から一九九二年まで総額七億三二六〇万円の援助を行った。しかしながら、思うように学生は集まらず、大学側は再度支援の申し入れを行った。要請内容は一九九三年からの五か年で一四億円に及ぶものだった。財政事情の厳しさから紋別市はこの申し入れを断ると、大学側は美術学部の移転を決定し、一九九六年に広島町（現北広島市）に移ってしまった。

紋別市としては、残された社会福祉学部の存置を目指して一九九七年から二〇〇六年までの一〇年間、毎年二億八〇〇〇万円の支援を行うことを決定した。これもまた、決して少ない支援額ではない。しかしながら、二〇〇三年一〇月に紋別市が大学側に支援を半額にして二〇〇九年まで延長したいと申し入れたことに対して、大学側は反発し、結局のところ社会福祉学部も二〇〇五年に札幌キャンパスに移転してしまった。まさに金の切れ目が縁の切れ目となってしまったのである。

紋別市の支援額ははっきりしているだけでも三〇億円を軽く超えている。卒業生総数は五三九九人なので単純に考えると学生一人当たり四年間で六〇万円以上支援した計算となる。

筆者も北海道出身で、一九八〇年代当時は道都大学が紋別市にあって、時代を先取りした学部が設置されているのを記憶していただけに、このような状況となってしまったのは残念なことである。ただ、二〇〇〇年までは毎年定員を上回る入学生は確保していた。大学全体の定員充足率も一九九八年までは一五〇%を超えていた。

社会福祉系の学部、学科が一九九〇年代以降各地で乱立したことが志願者減の要因の一つなのだろうが、もともと定員を大幅に超えないと採算が取れないと大学側は考えていたのではないだろうか。

この顚末について、滝ヶ平は、「紋別市には地方自治体の施策に大学をどのように位置づけるかという視点の欠落」があったと指摘し、また、「道都大学は鳴り物入りで紋別市に開学したものの、その後は紋別という土地に大学が存立する意義や、教育機関としての地域社会への貢献を十分に考えてこなかったことが撤退の大きな原因ではないだろうか。紋別市に対してたびたび資金援助を求めてきていたが、地方ならば自治体が支援してくれるだろうという甘い思いが根底には見え隠れする」としている。至極名言である。

大学があれば過疎が止められるわけではない。紋別市にも大学をまちづくりのパートナーとする視点が乏しかったのは悔やまれるところだ。

道都大学のキャンパス跡地については二〇〇八年、紋別市に返還され一部は公共施設として利用されているが、老朽化も進み、活用するには一五億円の工事費が必要とされていた。

現在も紋別市ではキャンパス跡地の活用に関する提案を求めているが、二〇二二年時点では特段何も決まっていない。先行きは依然不透明である。

†最後は自前の大学をつくった函館市と釧路市

函館市は北洋漁業で栄え、一九二〇年には全国で九番目に人口が多い市だった。札幌市に一九四〇年に抜かれるまでは全道一の人口を誇り、戦後は地元に独立した国立大学を設置することを目指し続けてきた。

これは、函館水産専門学校については、地元では当初、独立の水産大学に昇格を求める声が強かったが、最終的には北海道大学の水産学部となり、第二師範学校については北海道学芸大学（現北海道教育大学）函館分校となったという経緯があったからだ。

その後、高度経済成長期に入ると国立大学の誘致運動が活発化する。一九七六年に南北海道市町村連絡協議会が国立総合大学の設置促進を決定すると、函館市には国立函館大学誘致促進期成会がつくられた。

期成会では、北海道教育大学函館分校を母体とする国立函館複合大学（教育・海洋・社会経済学部と総合科学部の四学部）の基本構想をまとめるなど、活発な活動を展開するが、国立大学の設置には至らなかった。

このような状況の中で、公立大学の設置が検討されるようになる。函館地域もテクノポリスの指定を受けていて、理工系の学部を中心に議論が展開されていく。キーパーソンの一人が数学者でフィールズ賞を受賞した広中平祐である。一九八三年、広中が大沼で高校生を対象としたセミナーで講演し、これをきっかけにいわゆる「広中大学」ともいうべき構想の実現に向けた取組みが民間団体で行われてきた。

大学設置検討委員会には広中も加わり、日本ではまだ珍しい試みとして「複雑系科学」を学部のカリキュラムとして展開することなどが議論され、二〇〇〇年に複雑系科学科（現複雑系知能学科）と情報アーキテクチャ学科の二学科で構成されるシステム情報科学部からなる公立はこだて未来大学が開学した。まさに尖った公立大学が函館の地に誕生したのである。

大学は当初、函館圏公立大学広域連合が設置主体だったが、二〇〇八年からは公立大学法人によって運営されている。

釧路市は道東の中心都市であるが、北海道教育大学釧路分校があるだけで、函館市同様、大学誘致に積極的に取り組んできたがなかなか成果を出すことができなかった。道東地方はもともと医師不足が深刻で、一九六〇年、釧路市に国立釧路医科大学誘致期成会が結成されるなど、国に対して医科大学の設置を求めていた。また、北海道が一九七〇年に策定した第三期北海道総合開発計画では、釧路市に医科大学を誘致することが明記されていた。一九七〇年代に入ると一県一医科大学構想が現実のものとなる。北海道にはすでに北海道大学と北海道立の札幌医科大学に医学部が設置されていたが、医師不足は各地で深刻となり、医科大学の誘致運動は釧路市以外でも展開されていた。

結局、一九七三年に旭川市に国立旭川医科大学が設置され、釧路市は国立釧路医科大学の設置をその後も国に陳情し続けたが、北海道が要望を断念したこともあって、一九八七年には期成会を解散し、運動は終焉した。

その一方で、釧路市は私立大学の文系学部の誘致も行っていたが、最終的に市自らが大学を設置することを決定した。一九八四年に釧路市高等教育懇話会が文系学部の大学に関する構想をまとめ、文部省、自治省と交渉する中で、一部事務組合方式によれば開設が可能となることを確認し、一九八八年に経済学部からなる釧路公立大学が誕生した。

このように紆余曲折を経て、函館市と釧路市は自前の公立大学をつくることで一定の成果は得たのだった。

†公立大学を設置しなかった栃木、徳島、佐賀、鹿児島

四七都道府県のうち、公立大学を一つも設置していないのが栃木県、徳島県、佐賀県、

そして鹿児島県の四県だ。県はもちろんのこと市立大学もない。これらの四県はなぜ公立大学を設置しなかった、あるいはできなかったのか。

一つの可能性としては、国策として看護系の大学設置が進められた際に国立大学や私立大学で看護学部等が設置され、敢えて公立大学を設立する必要性がなかったということである。実際はどうだったのだろうか。

栃木県については、一九九五年に開設された国際医療福祉大学に看護学科が置かれるとともに、自治医科大学に二〇〇二年、獨協医科大学に二〇〇七年、足利大学に二〇一四年、それぞれ看護学部が設置されている。県内に医学部が二つあるという恵まれた環境もあって、県独自で設置する必要はなかったと考えられる。

徳島県については、徳島大学に二〇〇一年保健学科（看護学専攻）が置かれるとともに、二〇〇八年に徳島文理大学に看護学科が、四国大学に二〇〇九年、看護学部が設置された。

佐賀県については、一九九三年、当時の佐賀医科大学（現佐賀大学）に看護学科が置かれ、二〇一八年には西九州大学に看護学部が設置された。

鹿児島県については、一九九四年、当時の鹿児島純心女子大学（現鹿児島純心大学）に看護学部が、鹿児島大学には一九九八年に保健学科（看護学専攻）が置かれた。また、二〇二三年には鹿児島国際大学に看護学部が設置される予定である。

このように、栃木県、佐賀県、鹿児島県では一九九〇年代の比較的早い時点で国立大学ないし私立大学に看護学部（学科）が設置され、徳島県も二〇〇一年に設置された。

それでは、看護系以外の公立大学に関してはどうだったのだろうか。ここでは、それぞれの県議会の会議録から公立大学設置の議論があったのかについて検証を試みた。キーワードは公立大学と新設または設置を組み合わせたもの及び県立大学単独のものである。

栃木県議会では一九九九年以降検索が可能となっている。唯一ヒットしたのが、二〇一五年の第三三〇回臨時会議（六月一七日）における質疑で、健康や医療・福祉分野での新設を問うものだったが、県当局の答弁は、大学よりも専修学校などのほうが修学年限も短く授業料も安いとするなど消極的な内容だった。なお、宇都宮市議会でも二〇一七年第一回定例会（三月二日）で市立大学を設立すべきではないかという質問に対して、市内にある八つの私立大学が定員を満たしていないことなどから否定的な答弁を行っている。

徳島県議会では一九九一年以降検索が可能となっている。一九九五年の九月定例会（一〇月四日）では議員から開発構想の中で県立の単科大学の建設を盛り込んではどうかとの質問がされているが、知事からは明確な答弁はなかった。また、二〇〇四年の二月定例会（三月五日）では、県立看護大学の設置に関して、議会も要請しているとの発言はみられたものの、他には明確に県立大学の設置を求める質問はみられなかった。

佐賀県議会では一九九九年以降検索が可能となっている。栃木県、徳島県とは異なり、佐賀県では県立大学の設置が再三議論となっている。一九九四年には大学など高等教育機関の導入に関する調査を佐賀県も行っている。

会議録によれば、一九九九年に佐賀県大学等高等教育機関導入構想検討委員会が設置され、検討の結果、緊急度の高い分野として第一に保健・医療・福祉系分野、第二に政策科学系分野、第三に情報系分野の三分野を対象とすることが適当であるとの提言が行われている。場所についても唐津市などの県西北部が有力視されていた。

二〇〇〇年から二〇〇一年にかけて県議会でも活発な議論が行われていたが、一八歳人口の減少や県の財政状況の悪化などから徐々に答弁はトーンダウンし、二〇一四年を最後に表立って県議会で県立大学の議論は行われていない。この点については、佐賀大学の動向も関係していると思われる。佐賀県は一九八五年に全国唯一の窯業専門の専修学校として有田窯業大学校を開設している。県議会の議論でも大学校を大学化することが提案されていた。二〇一六年に国立大学法人佐賀大学の文化教育学部を改組して芸術地域デザイン学部が設置された。この学部は大学校を統合したもので、大学の有田キャンパスも誕生した。

鹿児島県議会では一九八五年以降（本会議）検索が可能となっていて、ここでも県立大学の議論が再三見られた。もともと鹿児島県には県立短期大学が設置されていることもあって、一九九一年以降、議員からは四年制昇格や新たな県立大学の設置を求める発言が何度か上がっていた。鹿児島県も大学の設置に関して検討を加え、新かごしま総合計画第一期実施計画では「県立四年制大学の検討」が盛り込まれていたが、二〇〇三年一一月一二日開催の平成一五年行財政改革特別委員会では、「県内私立大学の入学者の確保にも大きな影響を及ぼすと見込まれること、また、県の財政も非常に厳しいという状況などを総合的に勘案」の上、第二期実施計画の計上は行わないこととした。

その後も議員からは短大の四年制化などに関する質問が行われているが、県としては当面検討はしないと回答している。

公立大学を設置していない四県にはそれぞれの事情があって現在に至っているということが明らかになった。私立大学の設置状況などからは、栃木県、徳島県、鹿児島県については今後公立大学を設置する可能性は低いと考えられるが、佐賀県の場合、大学は佐賀大学と西九州大学の二つと都道府県の中で最も少なく、引き続き大学設置を求める声は上がってくることも考えられる。

†都内や大阪府内の大学誘致

これまで地方における大学誘致の状況をみてきたが、大都市部ではそのような動きがまったくなかったわけではない。特に、二〇〇二年の工場等制限法の廃止以降、東京二三区や大阪などでいくつかの動きがみられた。

足立区は、大学誘致を積極的に進め、二〇〇六年、東京藝術大学が千住にキャンパスを開設した。少子化で公立学校の統廃合が進んだことから、跡地利用が大きな課題となっていた。二〇〇七年には東京未来大学が、二〇一〇年には帝京科学大学が、そして二〇一二年には東京電機大学がキャンパスを開設した。

さらに文教大学のキャンパス誘致を進めていた際に、国が新たな立地規制を行うこととなり、足立区としては困惑を隠せなかった。すでに進めていたという事情もあって、二〇二一年には「文教大学あだちキャンパス」は開設されたが、今後の大学誘致の動向は不透明となっている。

二三区の中で足立区同様、大学のキャンパスがなかった墨田区でも、三菱製紙中川工場の跡地に大学誘致を進めた。当初は順天堂大学と交渉を進めるも条件が折り合わず、二〇〇九年に東京理科大学と基本協定を締結して二〇一三年に葛飾キャンパスが開設された。金町駅北口の愛称は理科大学通りとなったが、久喜市の関係者はどのような思いでこのニュースを受け止めたのだろうか。

墨田区は、ホームページで、「大学があることで、多くの若者を区内に呼び込み、地域経済の活性化や街の賑わいの創出が期待できるほか、大学の持つ資源を存分に生かし、産業振興や防災力の強化等、区の課題を共に解決するパートナーとしての役割も期待」できるとしている。区のところを市や町、あるいは村と変えれば、大都市部であろうとも地方であろうとも自治体の共通する願望ではなかろうか。

このほか、大阪府高槻市では、先述の調査結果も参考にしつつ、高槻駅前に関西大学の新たなキャンパスの誘致を行っている。高槻市にはもともと関西大学のキャンパスが高槻駅から少し離れたところにあるが、再開発事業の一環として実質的な支援を行い、二〇一〇年に開設されている。

大都市部の自治体も、地方同様、大学誘致によって地域の活性化が図られると考えているのだ。

†大学誘致の事例からみえてくるもの

自治体は大学を都市の風格を示すような存在だと考えてきた節がある。これはそこに住む住民も同様だ。戦前であれば、旧制高等学校があることは文教都市として、また、バンカラな学生がいるということが自慢となっていたのかもしれない。戦後は大学が数多く設置され、大学進学率も上昇する中で、我も我もと多くの自治体が大学誘致に奔走した。

うちの街は大学をつくるには最適の場所です、ぜひ来てください、と学校法人に声をかけるだけではだれも見向きもしない。発想は工場誘致と似ている。工場誘致によって、工場が立地すれば様々な効果が期待される。工場建設は、地元の建設会社にとっては受注の絶好の機会となる。工場が完成すれば雇用の場が生まれる。自治体にとっても税収の増加が見込める。用地を造成し、周辺の道路をつくるなどのインフラ整備にお金をかけても十分元は取れると考えるからこそ、自治体は様々な支援を行うのだ。

大学にふさわしい用地を見つけ、自治体自らが購入して整地など造成にまでお金をかけることも少なくない。無償で譲渡ないし貸与するのが半ば当然のこととなっている。建物の建設などにも補助金を出すのも一般的だ。

大学誘致に限った話ではないが、自治体は横並びを気にするという傾向がある。隣の県が作っているならうちの県も、あるいは同じような人口規模の市に大学があるならうちの市にも、といった具合である。この点は、どの程度学校法人に助成するかといった点も同様だ。旭川市や高槻市のように類似の取組みを先行して実施した自治体に照会し、そこで得られた情報も参考にしながら、助成の枠組みを決定していくのだ。

自治体としては、大学が置かれることで地元の高校生にとっては、進学に関する選択の幅が広がるというメリットがある。自宅から通えば家庭の経済的な負担も少なくて済むからだ。また、一八歳人口の増加も見込める。他地域から移り住んで四年間暮らす中で、その地を気に入って就職先も、ということになればしめたものである。工場誘致同様に期待される経済効果は少なくないが、なんといっても四年間大学生が生活することで費やされる経済活動は地元にとってとても魅力的だ。

このような理由から、数十億円、場合によっては百億円以上の経費を負担しても十分元はとれるとのそろばん勘定で自治体は大学誘致を進めるのだ。この点は公設民営大学の設置や自ら公立大学を作る場合でも同じ思考パターンとなる。

だが、大学誘致は常にうまくいくとは限らない。福島県では郡山市は再三大学誘致の好機を逃し、白河市では市長選の結果によって明星大学の誘致を取りやめるということも起きている。最終的に誘致に成功したいわき市では、三〇年余り経過してまったく違った中身の大学に変貌を遂げている。紋別市のようにせっかく誘致しても撤退ということも起きている。

大学誘致を試みても失敗してしまうケースも結構あるのだ。そうなると自治体の責任、特に首長の政治的な責任が問われることになる。議会での責任追及もあれば、住民からの様々なアクション、住民監査請求やリコールなどが起こされることもある。

見方を変えれば、国に比べると少なくとも制度上は住民からのチェックがかかりやすい、という地方自治の独自性があるからこそ、このような大学誘致合戦も許容されているといえるのかもしれない。

学校法人側も、自治体がどの程度支援してくれるのか、ということを立地の決め手の一つとしているのは間違いない。もちろん、それだけではなく、学校法人としての様々な思惑の中で意思決定を行っているのだろうが、だからこそ、自治体は必死になって誘致活動を展開するのだ。

一方で、金の切れ目が縁の切れ目、ではないが、開設後ある程度年数が経過して学生の確保が難しくなってくると、撤退という選択肢も学校法人にとっては現実的なものとなる。撤退表明によって、当然のことながら自治体は反発し、なんとか引き留めようとあの手この手を尽くすが、学校法人としても経営が破綻してしまえば元も子もないだけに、大都市部のキャンパスに学部を集めるということが往々にして行われるのだ。

本来であれば、誘致が決定した際に、自治体と学校法人は将来のことについても議論を尽くした上で協定を結ぶべきであるが、必ずしも撤退時のことについては触れられずにいわば玉虫色の内容になりがちだ。

第六章でも触れるように、大学の冬の時代にはせっかく誘致した大学の撤退ということがこれまで以上に現実の問題として浮上する。玉虫色にしてしまったツケが回ってくることは覚悟しなければいけないのだ。

第六章

大学冬の時代――撤退・廃止・合併

†一八歳人口の推移

自治体にとっても大学にとっても、一八歳人口の推移は気になるところだ。欧米では、日本の高校に相当する教育機関を卒業していったん就職し、自分で学費を貯めてから大学に入学するケースも少なくない。さらには働きながら夜学の修士課程で学び、ステップアップすることもアメリカなどではよくみられる。

一方、日本の場合は高校三年生が大学受験するケースがほとんどとなっている。このため、団塊ジュニア世代が一八歳を迎えた一九八〇年代後半から一九九〇年代初頭にかけては、受験倍率が高くなり、その後は私立大学と公立大学の新設ラッシュとなった。

一八歳人口の推計については、様々なところで示されている。例えば二〇一八年一一月二六日に答申された「二〇四〇年に向けた高等教育のグランドデザイン」では、「我が国の一八歳人口の推移を見ると、二〇〇五年には約一三七万人であったものが、現在（二〇一八年）は約一二〇万人まで減少している。今後、二〇三二年には初めて一〇〇万人を割って約九八万人となり、さらには二〇四〇年には約八八万人にまで減少するという推計もある。」としている。

だが、この推計よりも下回るペースで少子化が続いている。二〇一九年の出生数は八六万人台とはじめて九〇万人を下回った。さらには二〇二〇年には八四万人となっている。国の予想よりも早いペースで出生数が減少しているのだ。

また、中央教育審議会では大学進学率は二〇一七年に全国で五二・六％だったものが、今後も緩やかに上昇し、二〇四〇年には五七・四％になると推測されている。大学進学者数は二〇一七年の六三万人をピークに減少局面に入り、二〇四〇年には五一万人にまで減少すると予想している。

中央教育審議会が想定している五七・四％の大学進学率（二〇四〇年）どおりだとしても、二〇二一年に生まれる子供の数が八〇万人となれば大学進学者数は四五万人台となり、想定を一割程度下回ることとなる。

二〇〇九年に一二一万人だった一八歳人口は、その後は概ね一二〇万人前後で推移し、また、大学進学率が緩やかに上昇していたこともあって、大学進学者総数は微増傾向にあった。このため、必ずしも危機感を持つ大学関係者は多かったとはいえない。それが二〇一八年以降、一八歳人口が本格的に減少し、また出生数も国が推計するよりも下げ幅が大きくなる中で、大学を巡る環境はいよいよ厳しさを増してきているのである。

†大学冬の時代の到来

公立大学は、一九五〇年代から一九六〇年代にかけて国立への移管もあったが、看護系大学の新設や私立大学の公立化などで大学数は増え続け、二〇二二年現在で九九と一〇〇の大台まであとわずかである。一方、国立大学については、二一世紀に入ってから新設されたのは、聴覚や視覚に障害を持つ人を対象とした筑波技術大学（二〇〇五年）だけだ。国立大学法人化などによって大学の統合が進み、二〇二二年現在で八六である。

私立大学についても平成に入って大幅に増えているが、その一方で、二〇一〇年度から二〇一八年度までに廃止が認可された私立大学は、大学院大学が四、大学が一七で二一に及ぶ。廃止といっても、統合されるケース（例：九州東海大学→東海大学）や他大学と合併するケース（例：共立薬科大学→慶應義塾大学）もあるが、その多くは廃校となっている。

もちろん、廃校といっても、設立主体の学校法人のほとんどは高校や専門学校などを併設していることもあって、学校法人自体が潰れることは考えにくい。だが、過去には群馬県の創造学園大学が相次ぐ不祥事で文部科学省から学校法人が解散命令を受けて廃止されたこともある。

また、二〇二〇年度には広島国際学院大学と福岡県の保健医療経営大学が、二〇二一年度には上野学園大学が学生募集停止となり、数年後には廃止となる。今後も出生数の減少傾向が強まれば、学校法人全体の経営を破綻させないために、早期に大学を「店じまい」するところも一定数出てくることが予想される。まさに大学冬の時代の到来である。

†勝ち組と称された自治体でも大学撤退

世間で、成功例、あるいは勝ち組と称される自治体であっても、時間の経過とともに大学撤退という事態を招いているところもある。その一例が三重県松阪市だ。

三重県では松阪市の協力によって、一九八二年、松阪大学が開校している。『地方財務』一九九〇年一一月号でも、「大学誘致の成功例——松阪市・松阪大学の場合」として紹介されている。松阪大学は、中京大学などを運営する学校法人梅村学園が設立した大学で政治経済学部の一学部、定員は三〇〇人だった。

三重県は大学収容力が全国最下位クラスで、県内大学も理工系中心の三重大学と文学部のみの皇學館大学だけだった。一九七六年に当時市長だった吉田逸郎は、施政方針で大学誘致の必要性を表明し、一九七八年には大学誘致準備委員会が発足した。社会科学系の大学誘致を目指し、翌年に梅村学園に要請した上で開学にこぎつけたのだった。

松阪市は、一九八〇年から六年間、毎年一億円の補助を行うとともに、用地の一部を無償提供している。また、三重県もこの半額に相当する三億円の補助金を交付している。梅村学園がもともと所有していた短期大学の施設を利用したこともあって、支援額は合計九億円と決して大きなものではなかった。

一方、三重県四日市市に一九八八年開学した四日市大学に対しては自治体の補助は約四〇億円に上っている。これに比べても安価で大学誘致ができたということは明らかだった。開学後、しばらくは定員を超える入学者数を確保していたが、他の公設民営大学同様、入学者の確保が難しくなり、二〇〇五年には三重中京大学と校名を変更したものの、二〇一三年末には閉校してしまった。

紋別市の道都大学は二七年、松阪大学は三一年余りでその役目を終えたのだった。三〇年前後で大学がなくなることをどのように評価すればいいだろうか。短すぎると考える人も多いだろうが、これから述べる事例に比べれば、まだましかな、という感想を持つ人もいるだろう。

†大学撤退を巡って、変わり身の早い自治体も

大学撤退は自治体にとって痛手であるが、紋別市のようにその後進展がないところもあれば、変わり身の早いところもある。ここでは、三重県と静岡県の事例を紹介する。

三重県熊野市は紀伊半島の南部に位置する人口約一万五〇〇〇人の市である。熊野古道が世界遺産に登録される一方で、過疎化は深刻だ。一九六二年に熊野高等専門学校が開学し、二〇〇〇年には近畿大学工業高等専門学校と名称を変更した。少子化によって定員割れが続き、二〇〇九年に近畿大学は移転を決定する。

当初は関連大学がある兵庫県姫路市が検討されていたが、三重県名張市に決定し、二〇一一年に移転が行われた。実は名張市も大学の撤退で揺れていたのだった。

名張市は大阪方面への通勤・通学も可能で、関西圏のベッドタウンという性格も有していた。名張市は三重県伊勢市に本部を置く皇學館大学の誘致を進め、一九九八年に社会福祉学部のキャンパスが開学した。誘致にあたっては、名張市から約三五億円の補助金が支給されるとともに、用地の半分以上は市が無償譲渡していた。

しかしながら二〇〇七年一月には二〇〇八年度からの学生募集を停止し、その代わりに伊勢市に現代日本学部を開設すると大学側は発表した。開学からわずか一〇年しか経過していないだけに、関係者のショックは大きかっただろう。そもそも、この大学誘致に関しては一九九六年に当時の市長に対するリコール運動が起こるなど最初から波乱含みだった。

名張市は全国の私立大学などを対象に、二〇〇九年五月から六月まで大学跡地利用法人を公募したところ、三法人から意思表示があった。選定委員会を設置した上で検討を重ね、八月には交渉先を近畿大学と定め、二〇一〇年五月には移転合意書を締結した。

皇學館大学の「逃げ足」も早かったが、名張市の「変わり身」もそれに負けないものがあったようである。近畿大学にとっても開学して一〇年ほどしか経過していない建物を使えるというのは大変魅力的だったのだろう。

名張市は、皇學館大学から返還された土地、建物、機器備品などを無償提供するとともに、隣接の市有地を無償貸与し、校舎改修などについては九〇〇〇万円を上限として支援を行った。結局のところ、皇學館大学社会福祉学部は二〇一一年三月に撤退し、二〇一一年四月に近畿大学工業高等専門学校が移転した。これは高等教育版の「居抜き物件」といってもいいだろう。名張市としても財政支援は最小限度にとどめたのである。

一方、一番割を食ったのが熊野市だ。高専があった土地には現在、太陽光パネルが敷き詰められているだけだ。クリーンな電力は産出できても、地元への経済効果はほとんど望めないのが現実の姿だ。

静岡県でも常葉学園が富士市のキャンパスから撤退し、静岡市にキャンパスを集約した。もともとは一九九〇年に開設された常葉学園富士短期大学を前身とするもので、二〇〇〇年には改組され富士常葉大学として開学した。総合政策学部、保育学部、そして日本で唯一の環境防災学部をおいた大学で、二〇一三年には浜松大学、常葉学園大学と統合し、常葉大学に名称が変わっている。

富士市は、短期大学の誘致では学園用地を無償譲渡し、インフラ整備を進めるとともに校舎建設のために一億円の補助を行った。また、四年制への移行時にはグラウンド用地を無償譲渡し、造成費について一億二〇〇〇万円の費用負担を行っている。

これに対して学園側は二〇一六年三月に富士キャンパスの撤退を決定し、二〇一八年に移転した。わずか二〇年足らずで富士市から四年制大学がなくなったのである。用地については二〇一八年末に富士市に返還されたことから、市としては施設の利用先を探し、御殿場市のリゾート施設を経営する会社が取得した。

既存施設をリノベーションするなど活用し、宿泊施設を併設した複合型のスポーツ施設が二〇二〇年九月にオープンしている。富士市の場合も比較的対応が早かったこともあって、跡地利用は早期に決まったのである。

ちなみに富士市は大学のない市としては一番人口が多い。そのこともあってか、富士常葉大学が撤退した後の二〇二一年六月、内閣府によって地方都市へのサテライトキャンパス設置に向けて大学と自治体のマッチングを促す対象自治体に選定されている。大学の誘致に引き続き取り組む姿勢をみせているのだ。

†学校法人による「事業継承」

大学が撤退することは地域社会に大きな打撃を与えるが、経営破綻の学校法人を変えてなんとか存続している大学もある。どちらの選択が正しかったのかは、後の世の審判に委ねられることとなるだろう。

山口県萩市にある至誠館大学は名前を二度変えている。もともとは一九六七年に開学した萩女子短期大学を前身としたもので、短期大学を運営した萩学園によって一九九九年、萩国際大学が開学した。設立に要した約六四億円のうち、萩市と山口県はそれぞれ二〇億円を負担している。

開学当初から定員割れとなり、中国からの留学生を数多く受け入れるとともに、陶芸文化コースやゴルフ文化コースなど、他大学にはないユニークなコースを設けるなどの取組みを進めたが、留学生の多くが不法就労を行うなどして国内退去となり、二〇〇六年の入学生はわずか三人だった。学校法人は民事再生法の適用を申請し、二〇〇七年には山口福祉文化大学に改称した。東京と広島にサテライト教室を開設して再び留学生の獲得に努め、二〇〇九年には初めて入学者数が定員を上回った。

その後、二〇一三年には宮城県で専門学校などを運営している菅原学園が支援に乗り出し、二〇一四年には大学名を至誠館大学に改称した。

大学のホームページに掲載されている認証評価結果に対する改善報告書（二〇一八年七月二四日）によれば、二〇一七年度の入学者は三〇八人、このうち日本人学生は二三人、私費外国人留学生は二八五人と九割以上が留学生という極端な状況となっていた。これに対してスポーツ関連での日本人学生の募集活動に力を入れたことから、二〇一八年度は日本人学生が六六人、留学生が二四二人と日本人学生が二割を超えるようにはなった。

また、二〇二一年五月一日現在の学生数は八六二人で充足率は定員の八八％、このうち、留学生が六〇六人だった。二〇一七年度に入学した学生（三〇八人）の四年後にあたる二〇二〇年度に卒業したのは一三八人、単純計算では四五％に留まる。また、就職率も三三・九％と大変低い状況だった。

なお、至誠館大学の学長は萩国際大学開設時に萩市長を務めていた野村興兒が務めている。このように元首長が公設民営大学のトップとなるケースは他の地域でもみられるものだ。例えば新潟国際情報大学では二〇〇八年から一〇年間、元新潟県知事の平山征夫が学長を務めていた。また、新潟青陵大学などを運営する新潟青陵学園の理事長には前新潟市長の篠田昭が二〇二二年一月に就任した。

このほか、現職または元職の国会議員が学校法人の理事長あるいは学長を務めるケースもある。古くは中曾根康弘元首相が一九六七年から一九七一年まで拓殖大学総長だったというものもある。首長経験者が理事長などに就くことは、自治体経営での経験が生かされるというメリットもあるだろうが、自治体との関係が不透明になりやすい危険性もはらんでいる。いずれにしても学校法人のガバナンス改革も日本大学のケースをみればわかるように、抜本的な取組みが必要になってきている。

北海道での「事業継承」

北海道でも至誠館大学と同様なケースがみられる。苫小牧市では高専はあるものの、四年制大学がないことから長年大学の誘致などに取り組んでいた。市内に一九六四年に開学した駒澤大学系列の短期大学を四年制に昇格することとし、一九九八年、苫小牧駒澤大学が開学した。開学にあたっては、学校用地のうち一〇ヘクタールを無償譲渡し、約五ヘクタールを無償貸与、施設整備に五〇億円を支援した。

萩国際大学同様、入学者数の確保が難しくなり、苫小牧駒澤大学も留学生を数多く受け入れるようになった。学校法人駒澤大学も経営の見直しを進め、二〇一四年には岩見沢市の駒澤大学附属岩見沢高等学校が閉校し、二〇一八年には学校法人京都育英館に譲渡された。その後、二〇二一年に校名を北洋大学と改めている。卒業生には北海道日本ハムファイターズの伊藤大海投手がいる。

北洋大学も大変厳しい状況に置かれている。二〇二一年五月一日現在の在籍学生は一一五人、一学年の定員が七五人なので四割にも満たない。北洋大学としての一期生は三三人だが、四年生はわずか一三人だ。

学校法人京都育英館は、学校法人育英館の関連法人だ。育英館は、一九八五年に設立された京都ピアノ技術専門学校（二〇一八年廃止）や日本語学校の関西語言学院を経営している学校法人で、京都市立看護短期大学を引き継ぐために二〇一三年に設立されたのが京都育英館だ。短大は京都看護大学に改組されている。

京都育英館は、一九九四年に設立された高知県四万十市の黒潮福祉専門学校（後の黒潮医療専門学校）が経営難に陥ったことから、無償譲渡を受け運営を引き継いだ。二〇一三年には四万十看護学院を開設している。この学院は現在、京都看護大学四万十看護学部

（仮称）として二〇二三年の開学を目指している。

事業継承を引き受けたのはこれだけではない。北海道白老町にある北海道栄高等学校は、もともとは日本大学の準付属校の北海道日本大学高等学校だった。その後、北海道桜ケ丘高等学校と名前を変え、埼玉県の栄高等学校などを運営する佐藤栄学園の系列校となり、校名も北海道栄高等学校と再び変わったが、二〇一六年に京都育英館が経営を引き継いだ。

日本最北の大学である稚内北星学園大学は、一九八七年に設置された稚内北星学園短期大学を改組して二〇〇〇年に開学した。短期大学の設置については、用地はもちろんのこと、施設整備も基本的には稚内市がすべて行ったようである。当時の「わっかない市議会だより」（一九八四年七月一日）によれば、浜森辰雄市長は六月定例会の一般質疑で以下のように述べている。

資金計画については、各種寄付を三億から三億五〇〇〇万円、残りについては市が負担することになるが、市としては積立金から五億ないしは七億円、さらに残りの二億から三億円については、一般会計から毎年一億円程度支出するようになると思う。

大学運営も札幌市の北星学園とは別の学校法人である稚内北星学園が担い、二代目の理事長には、稚内市長を八期務める中で短期大学設置に尽力した、稚内の天皇とも称された浜森辰雄が就任した。四年制移行の際にも稚内市は支援を行っている。稚内市議会の会議録（二〇〇七年一二月六日）にも、二〇〇六年度までに学生の留学支援といったソフト分も含めて一五億八七〇〇〇万円に及んでいたと記されている。

しかしながら、入学者の減は止まらず、稚内北星学園は留学生を増やすなどの対応を行っていたが、稚内市は二〇一六年から五年間、毎年運営費に対して五〇〇〇万円を補助するとともに、運営資金がショートしないように別途五〇〇〇万円を貸し付けることとした。自治体が私立大学の経常的な経費に毎年補助するというのは紋別市でも行われていたが、異例のことだ。これは、赤字補塡を続けるということにほかならない。このような状況の中で、二〇一九年一二月に大学の経営を育英館が引き継ぐことが決定され、二〇二二年から育英館大学として再出発した。情報メディア学部は存置したうえで、京都市内にサテライトキャンパスを置き、北海道外からの学生の確保を目指している。

このような学校法人による一種の事業継承は、地方における私立大学の経営が軒並み悪化している中で、今後も展開されることが予想される。

†大学への多額の補助が問われる時代へ

これまでみてきたように、自治体は私立大学の誘致で様々な経費をつぎ込んできた。用地については無償で提供したり、貸与であってもやはり無償だったり、市場価格よりも低廉な賃料ということが一般的に行われてきた。まさに明治以来の「慣例」である。

学校法人への補助に関しても、議会審議などでも否定的な声は必ずしも多くはなかった。もちろん、首長の政治姿勢などを契機に議会内で対立するケースは郡山市など幾つかの自治体でみられたが、総論としては大学が誘致されることで地域経済に様々な形でプラスになると多くの人は考えているのだ。

自治体の報告書などでも、大学誘致によって、年間何十億円の経済効果があると多くの場合示される。だが、経済効果の推計というのは往々にして捕らぬ狸の皮算用の側面が強くある。すべての前提条件が満たされてはじめて、そのような推計が実現するとされていて、実際、計算どおりにうまくいくとは限らない。大学誘致後、学生が集まらなくて、後日別の形で経済効果が推計され、実はその半分にも満たなかったということもある。

大学冬の時代が到来する中で、風向きもがらっと変わってきたのである。開学後、学生が思うように集まらずに閉校に追い込まれてしまえば、学校法人への補助金の妥当性が問われることにもなる。首長の政治責任も問われかねないのだ。

この兆しは一九八〇年代からみられるようになってきた。「アメリカの大学」の誘致では郡山市、亀岡市、岸和田市で市長らを被告として補助金の返還や損害賠償を求める訴訟が住民グループなどから提起されている。いずれの裁判も、最高裁などで原告敗訴とはなっているが、自治体の責任なしとはいえないだろう。

石巻専修大学を約七二億円かけて誘致した宮城県石巻市では、一九八六年、誘致に反対するグループが住民投票条例の請求を行ったが石巻市議会は否決している。千葉県市原市は帝京大学付属病院の誘致を行い、一九八六年に開業した。市は用地取得を行い造成の上無償譲渡を行うとともに付帯工事の費用も負担したが、これに対して憲法八九条違反であると訴訟が提起され、請求は棄却された。

また、新潟県加茂市が学校法人加茂暁星学園に対して、四年制大学設置目的で土地を無償譲渡したことと寄付金を支出したことについて、訴訟が提起されやはり憲法論議となったが、一九九二年の一審及び一九九三年の二審とも請求は棄却された。

埼玉県北本市では新駅設置について、また、茨城県つくば市では大規模スポーツ公園の建設について住民投票が行われ、ともに反対が賛成を上回っている。大規模な施設整備など、多額の財政負担を伴う場合には厳しい住民の審判が下るケースも増えている。

大学誘致の最近の事例としては、国際医療福祉大学が二〇一七年に成田市に設置した医学部と病院に関してのものがある。医学部は一九七九年の琉球大学医学部開設以降、長らく医師数が過剰となることを恐れて国は新設を認めてこなかった。このような状況の中で医師数の不足や偏在、診療科の偏りなどが問題視されるようになり、震災復興などの観点から東北地方での医学部開設を認め、二〇一六年に東北薬科大学が東北医科薬科大学となり医学部が新設された。

これに続いて構造改革特区の制度を利用して開設されたのが国際医療福祉大学だった。開設にあたっては、成田市が四五億円、千葉県が三五億円拠出するとともに、大学に無償貸与する土地は成田市が二三億円で購入したものだった。このうち、成田市の支出に関して住民訴訟が提起されたが、補助金の支出については公益上の必要性があるとして棄却されている。

自治体からの補助金については、公益上の必要性が問われることが少なくない。自治体が敗訴したケースもあり、判断が分かれることもあるが、少なくとも大学に関する裁判所の判断は、今のところは公益性を認め、自治体側の考えを支持するものとなっている。

†加計学園グループと自治体

ここ数年、いわゆるモリカケ問題が世間を揺るがしたが、そのうちのカケの部分、すなわち加計学園グループと自治体の関係についてもここで少し検証してみよう。

加計学園グループは、加計学園系列と岡山県高梁市に本拠を置く順正学園系列に分けられるとされるが、ここでは両者を一つのものとして扱う。広島英数学館という予備校を一九五五年に設立したのが始まりだ。その後、一九六四年に岡山理科大学を開設し、高等学校や専門学校などを開校し、一九九〇年に吉備国際大学を開設している。その後も、一九九五年に倉敷芸術科学大学、一九九九年に九州保健福祉大学、二〇〇四年に千葉科学大学を開設した。

これらの大学開設に当たって、地元自治体も様々な財政支援を行っている。例えば、千葉県銚子市に開学した千葉科学大学の場合、用地の約八割を無償貸与するとともに、最終的には七七・五億円の補助金を支給している。銚子市の場合、財政規模に比べると他自治体に比べても財政支援の割合は大きく、その後、市の財政状況も悪化していったことなどもあって厳しい批判を受け、当時の市長は落選している。

いずれにしても、今治市に獣医学部を開設する前に五つの大学を設置していることからも分かるように、加計学園グループは全国的にみても有数の大学運営組織ということはいえるだろう。

✝今治市における補助金の妥当性

それでは今治市に獣医学部を設置する際、自治体はどのような支援を行ったのだろうか。今治市は事業費の二分の一を補助するとし、愛媛県は今治市の補助金の三分の一を市に支給するとしている。このほか、用地についても三七億円弱で今治市が取得し、無償譲渡したとされている。今治市の補助金が約九三億円、これに対して愛媛県が今治市に支給したのが約三一億円、実質的には今治市が約九九億円（三七億円＋九三億円－三一億円）、愛媛県が三一億円、合計で一三〇億円負担したということになる。

この額の多さが批判されるだけでなく、様々な疑惑が噴出したことは記憶に新しいが、ここではまずは愛媛県と今治市の財政負担に絞って議論を進めることとする。

本書では再三、大学誘致や公設民営大学の設置などに関して多額の財政負担を自治体が行ってきたことについて言及してきた。特に第四章では、旭川市が公設民営大学について統一的に調べたデータを用いて幾つかの事例を紹介した。これらの事例については、時期が異なることもあり、用地代などについては不明なものも少なくない。その意味では、ここで示されたデータは参考程度ということで扱うべきかもしれないが、全体を見渡すと、数億円程度で誘致に成功した事例もあれば、数十億円、さらには成田市や今治市のように一〇〇億円を超える事例もみられる。

費用については、誘致する学部によって大きく異なるということを考慮する必要がある。

いわゆる文系学部では校舎についてもシンプルで、機器備品の購入費用はあまりかからないが、理工系や医学系では金額がかなり異なる。教育や研究を行うにあたって実験器材など高額なものが数多く必要となるからだ。

さらにいえば、公設民営大学の場合、設置費用の大部分、場合によっては全額を自治体が負担することになるため、安くても数十億円、静岡芸術文化大学のように三六〇億円負担するというのも決して法外なことではない。これらを踏まえれば、加計学園の場合、獣医学部ということもあり、他の自治体のケースに比して著しく財政負担が大きいということにはならないだろう。

適切な情報公開がされているのであれば、自治体の財政負担の多寡は、当該自治体の住民、さらには住民によって選ばれる首長や議員の熟議によって判断されるべきものではないだろうか。基本的には自治体の持ち出し、多くは基金などを貯めて支出し、それも何年かに分けているもので、納税者の判断に委ねられるべき性格のものだ。もちろん、問題があるとなれば直接請求などの活動を展開するのも選択肢の一つである。

獣医学部に対する一三〇億円の支援は、第四章で示した七つの公設民営大学に対する支援額の平均、一五四億円より若干少なくはなっている。

†マスコミ報道の論拠

加計学園に関しては、マスコミも連日のように報道していたが、その多くは批判的なものだった。ここでは、朝日新聞（二〇一八年二月一七日）を取り上げて検証を試みる。記事では、文部科学省の調査結果を引き合いにして、獣医学部に対する財政支援（用地費は除く）の多さを批判している。

愛媛県は15日、学校法人加計学園（岡山市）が同県今治市に新設する岡山理科大獣医学部について、県と今治市が学園側に補助する対象額を、約186億4千万円と算定したと公表した。学園名が入った看板などの費用を除き、学園側が示す総事業費約192億円から約5億8千万円をカットした。今治市は半額の約93億2千万円を3年間で補助し、県はうち3分の1の約31億円を市に補助する。文部科学省のまとめによると、同学園の獣医学部を除き、2008年度からの10年間で、大学や学部などの開設時に地方自治体が補助金を出した事例は全国で27件。総額は約207億円（予定額ベース）で、1件あたりの平均は約7億7千万円（同）。10億円以上（同）は5件で、最高額は80億円（同）だった。今治市は加計学園側に市有地を無償譲渡し、建設にかかる総事業費の半

額（最大96億円）を補助する議案を昨年可決。市民からは土地の譲渡や巨額の補助に対して批判が出ていた。（後略）

八〇億円は成田市の国際医療福祉大学に関してのものと思われる。記事にあるように、この一〇年間という期間の中では、国際医療福祉大学よりも二割近く多く、額は最大となっている。だが、さらに一〇年間期間を延ばせば、静岡芸術文化大学の三六〇億円をはじめ、ＡＰＵの一九二億円、東北公益文科大学の一五〇億円など、今治市の事例よりはるかに多い支援もみられるのだ。

結局のところ、比較の対象を変えれば評価も変わるということである。これもまた、データの罠ということなのだ。文部科学省のまとめ方は、今治市の補助金が多いということを強調して示そうとしているという見方もできないわけではない。一〇年間に限定する論拠というのはどのようなものだったのだろうか。

もちろん、文系学部の新設に一〇〇億円近い支援をしてしまえば、それは足元を見られた、ということになるだろうが、医学部や獣医学部の場合、設備等にかかる経費は文系の比ではない。これは私立大学の学部ごとの学費の違いをみれば明らかなことだ。

†獣医学部の定員に関して

加計学園の事案で、もう一つ大きな議論となったのが、獣医学部の総定員が全国的にみて妥当なのかということだった。日本獣医師会などは新たな学部の開設に強く反対していて、一方、畜産部門の獣医師不足を問題視する声が高まる中で今治市は構造改革特区を利用した獣医学部の開設を再三国に要望していた。

それでは、獣医学部の定員充足率はどうなっているのだろうか。ここでは大学のホームページで公開されているものについて、定員の多い私立大学に限って明らかにする。

北海道にある酪農学園大学の獣医学類の定員は一二〇人である。二〇一七年度は一四五人、二〇一八年は一三三人、二〇一九年は一三四人、二〇二〇年は一四一人、二〇二一年は一八〇人となっている。どの年も充足率は一一〇%以上で二〇二一年は一五〇%にも及んでいる。なお、二〇一七年から二〇一九年までの人数は単位修得をした数であり、入学後すぐに休学した学生は含まれていないので実際にはもう少し多いと思われる（二〇二〇年の同数値は一三九人）。

北里大学獣医学部獣医学科の定員は一二〇人、二〇一六年は一三二人、二〇一七年は一二八人、二〇一八年は一二三人、二〇一九年は一二四人、二〇二〇年は一三二人、二〇二

一年は一三一人と国立大学並みに一一〇%の枠に収めている。なお、一一〇%というのは、国立大学で総定員が四〇〇〇人以上で、学部定員が一〇〇人以上三〇〇人未満の場合、定員の一割を超えて入学させた場合、超過した学生数の授業料相当分を国立大学が国に返納することとなっている際の指標である。

このため、国立大学の各学部は入試の際、合格者をどこまで出すか、過去の辞退者の情報なども参考にしながら、細心の注意を持って判定会議を行っているのだ。なお、これは学部の規模や大学の規模で上限が異なっている。国公立の獣医学部は定員が三〇人から四〇人程度なので、一一〇%ではなく一一五%が適用される。

麻布大学獣医学部獣医学科の定員も一二〇人である。二〇一七年は一四二人、二〇一八年は一五一人、二〇一九年は一四七人、二〇二〇年は一五八人、二〇二一年は一五七人と概ね二〇%から三〇%程度入学者数は定員を超過していた。ちなみに二〇一七年における二年次は一五八人、三年次は一四九人、四年次は一五〇人であったので、二〇一六年以前も同じような傾向にあった。

日本大学生物資源科学部獣医学科の定員も一二〇人である。日本大学のホームページには単年度のデータしか掲載されていないので、二〇二一年五月一日時点の各学年のものを示す。二〇一六年（六年次）は一三四人、二〇一七年（五年次）は一三七人、二〇一八年

（四年次）は一三三人、二〇一九年（三年次）は一三五人、二〇二〇年（二年次）は一三二人、二〇二一年（一年次）は一二八人となっていた。二〇二〇年以前の入学生はこれよりも若干多いと思われる。二〇二一年を除くと入学者数は一割以上超過している。

日本獣医生命科学大学の定員は八〇人である。二〇一六年は九二人、二〇一七年は九九人、二〇一八年は九一人となっているが、二〇一九年以降は三年連続で八〇人となっている。もしかすると加計学園が設立した岡山理科大学獣医学部の影響が出ているのかもしれない。

五つの私立大学の総定員は五六〇人、このうち四つの大学の定員がどれも一二〇人と揃っているのは単なる偶然なのだろうか。また、国公立大学の総定員は、現在は四〇〇人で私立大学のほうが多くなっている。

†問題の本質は何だったのか

ここで示したのは加計学園の事案が問題化されて以降のデータであり、実際には超過人数はもっと多かったと指摘されている。例えば産経新聞（二〇一七年七月一一日）では、前日の参議院の閉会中審査で自民党の青山繁晴は「現在九三〇人の定員だが、一二〇〇人まで水増し入学が行われている。」と発言している。

いずれにしても、私立大学の獣医学部（科）が恒常的に定員超過を続けていたのは明らかである。定員を二割、あるいは三割も超過して入学を認め続けていたことこそ、本来であれば問題とすべきであったのだ。

ちなみに、岡山理科大学獣医学部獣医学科の二〇二一年の入学者数は定員と同数の一四〇人だった。開学時の二〇一八年から二〇二〇年までの学科ごとの入学者数はホームページでは示されていないが、在学者数は二年生から四年生までの三学年の合計が四五五人となっているので、この三か年は概ね定員の一割弱多く入学していると推測される。

結局のところ、岡山理科大学獣医学部が開学した後も、他の獣医学部も定員を上回る入学者数を確保できているのだ。そうなるとやはり獣医学部の新設を長年にわたって認めてこなかったのは、既得権力を守るためと評価されても致し方ないのだろう。

本来、獣医学部を開設するのは岡山理科大学か京都産業大学かということがもっと議論されるべきだったのだろう。だが、岡山理科大学は一〇年要望を続け、京都産業大学はわずか一年余りの要望活動、勝敗は明らかだった。

もちろん、政治家と学校法人との関係などほかにも大きな問題はあったのかもしれないが、ここでは需要と供給の観点と財政支援の妥当性という点に絞って検討した。少なくとも、この二点に関しては問題があったとはいい切れないというのが本書での結論だ。

今後は獣医学部での六年の学びの後に、国家試験の合格率がどのようになっているかということで岡山理科大学はもちろんのこと、総定員が増加した後の各獣医学部における教育の質が問われることになる。

†私立大学援助の効果は五〇倍

大学冬の時代といわれる中で、大学側、特に私立大学の側はこの状況を深刻に受け止めている。中小規模の大学の多くが加盟している日本私立大学協会は、二〇一八年三月、私立大学基本問題研究委員会「地方創生に向けた大学のあり方検討小委員会」の「成熟社会における都市と地方の調和ある発展のための私立大学の役割」の最終報告を公表した。

報告の中で、総論として、以下の三点を挙げている。

① 我が国の私立大学は、その六割が地方に立地しており、「地域との共生（地域共創）」を掲げ、地域の地（知）の拠点として精力的に活動している。我が国の再生・地方の活性化、成熟社会の構築に大きく寄与するのは私立大学である

② 地方で存在感を増す大学には中小規模でも、地元の小さな自治体との協力関係も進んでいるケースも多く見受けられるため、正当に評価されて然るべきである

③ 地方創生政策に係る地域振興策は、地域の特性に基づき、多様な価値追求によって地

域を牽引するリーダーおよび中間層を育成する私立大学を核として推進すべき。地域に立脚する中小規模私立大学の取り組みが十分に評価されず、また、取り組みの障害となっている事案が散見されることから、改めて私学振興策を検討する必要がある

総論としてはだれも異論はないだろう。このほか、国公立大学に比べて限られた予算で、多大な地域貢献をしているとして、以下のように述べている。

私立大学は約0・32兆円の私学助成で、年15・4兆円ほどの人的資本形成による経済効果を生み出しており、1・5兆円の交付金で約6兆円の経済効果を生み出す国立大学に比べて効率が良く大きな価値を生んでいる。近年、公立大学の新設・私立大学の公立化等が進められ、公立大学には地方交付税交付金が充てられているが、その交付金は国民の税金である。新たに国公立大学に投資するよりも、長く地域に密着して取り組んできた既存の私立大学を活用・支援する方が経済効率的にも合理性があると言える。

この報告では、一〇の具体的提言を行っているが、ここでは自治体とより関係の深い二項目について言及する。

〔東京の大学のサテライトキャンパス等の設置には慎重であるべき〕

これは、地方のことは、まずは地方の大学に任せるべきとしている。この考え方は地方分権にも通じるものがある。東京の大学が地方で地域活性化の取組みを行う場合には、まずはサテライトキャンパスを立地しようと考えている当該自治体の意向を重視すべきであり、さらには地方の大学の支援に回るべきとしている。

地方の私立大学からすれば、地元自治体と様々な関係を結んでいる中で、勝手に入ってきてほしくはないという思いは当然あるだろう。一方、自治体の中にはどこの大学でもいいから誘致したいという思いを持つところも少なくない。この辺をどのように調整するかは現実に様々な課題があるだろう。

〔都道府県の包括的な高等教育政策の推進〕

報告では、各都道府県は、地域内に立地する大学全体の位置づけと役割を明確にし、そのための交付金・補助金を公正に割り振るなどの高等教育の将来構想を策定することを求めている。

そのような将来構想を明確に策定している自治体は第四章でも触れたように、ほとんどない。もちろん、総合計画などに高等教育に関する記述はあっても全体を俯瞰したものではないだろう。公立大学を自ら設置したり、私立大学を誘致するだけでなく、今後の一八歳人口の動向も見極めながら、自治体としての政策ビジョンを示すべきだろう。

高等教育政策の根幹は国が担うとしても、大学設置に関して直接あるいは間接的に関わっているだけに、自治体の責務はあると考えるべきだ。また、専属の課や室を置くか否かは別としても、京都府などのように、事務分掌に「大学政策に関すること」や「高等教育の推進に関すること」をまずはすべての都道府県が加えるべきだ。

これは、都道府県だけでなく指定都市や大学が所在するすべての市町村も検討すべきと思われる。大学を誘致すればそれで済むわけではない。いかに自治体が大学とビジョンを共有しながら持続可能な地域づくり、大学づくりを進めるべきか、真の意味での地方創生の取組みが求められるのだ。

†揺れる大学のガバナンス

大学に限った話ではないが、企業や自治体も含めて様々な組織のガバナンスが問われている。ガバナンスとは統治あるいは支配のあらゆるプロセスを指す言葉といわれている。大学であれば学長あるいは理事長などのいわゆる執行部と学部や教員、教職員組合、そして学生など大学の構成メンバーすべてにかかわることである。

この問題を論じるのは容易ではない。筆者の専門である地方自治の分野で、自治体のガバナンスのあり方についても様々な立場から多様なアプローチによって論じられている。

トップダウン型を評価する立場もあれば、ボトムアップ型こそ理想とする立場もある。さらにいえば、場面によって使い分けるべきという考え方もある。

キーワードも、情報公開（開示）、参加（参画）、コンプライアンス、多様性、持続可能性など様々である。多くの識者が指摘するように、国公立大学が法人化したことによって、大学のガバナンスが特に問われるようになってきた。もちろん、私立大学に関してもガバナンスが問われるケースは皆無ではなかった。

二〇〇二年には帝京大学医学部で多額の寄付金が集められた裏口入学事件が発覚した。最近では日本大学の前理事長が逮捕された事件がある。学校法人の中には創設者一族の関係者で理事が多数を占めるケースも少なくない。自主性が重視されるが故に、法人内に様々な問題があっても表面化されにくいという指摘もある。

国立大学でも、二〇二〇年には北海道大学で総長が解任されるという騒動が起きた。旭川医科大学では病院長が解任され、その後、解任した学長も辞任に追い込まれた。このような「事件」はそれ以前にも起きている。特に学長選考を巡ってのいわゆる教職員による学内意向投票の結果が覆されたことに対するものが多かった。

お金にまつわるトラブルもいくつか起きている。新潟大学では二〇一一年にがん治療などの医療機器購入を巡って副学長が解任され、また、不正契約によって立替金を支払ったとして建設会社が大学に請求する訴訟が提起されたが、二〇一六年に棄却され、建設会社側が上告しなかったため判決は確定した。

おそらく、この件を取り巻く様々な人間模様や大学の対応をまとめるだけで一冊の本が書けるのではないかというようなものだったが、当時、評議員の一人だったものとしてはなんとも不可思議としかいいようのない結末だった。

法人化以降、大学財政が厳しさを増す中で、外部資金の獲得などで国公立大学は経営努力を求められるようになった。これは大学教員にとって最も苦手な分野でもある。だからといって、大学の経営陣に経済人を加えれば直ちに財政状況が好転するものでもない。

東京都立大学や大阪公立大学など、大都市部の公立大学で改革派首長が主導する改革と大学の間の相克を第三章で触れたが、最近でも下関市立大学における唐突とも言うべき専攻科の設置や理事の解任など一連の騒動が問題となっている。二〇二二年一月には山口県労働委員会が大学理事会規程などについて、組合との団体交渉を経ずに作られた不当労働行為と認定している。

ここで紹介した大学を巡る様々な「事件」は、マスコミなどで明らかになった情報をもとに述べているが、大学教員という当事者の立場からすれば、明らかになっていないところに実は真実があるのではないかと思ってしまうことも少なくない。執行部側、そして教員や組合側なども我々が知り得ない情報を抱えているのかもしれない。その意味では、あまり一面的に断じるのは適当ではないのでは、という思いもある。

大学も他の組織同様、あるいはそれ以上にガバナンスのあり方を、財政が逼迫している中で暗中模索していかなければならないのである。それは自治体も多かれ少なかれ同じような状況に置かれているのだ。ガバナンスがしっかりしていなければ、それだけで消滅の危険性があると認識すべきである。

†二〇四〇年、消滅可能性大学は……

急速な少子化の中で、大学はどのようになっていくのだろうか。ここでは日本政策投資銀行の試算を紹介する。日本政策投資銀行地域企画部は二〇一八年六月に、「地方創生に資する地方私立大学活性化の方向性――大学自身の生き残りを賭けて」と題した調査レポートを発行した。

このレポートは、いくつかの事例から大学を価値創造型、水平移動型、地域定着型に分類した上で、地方創生に資する将来の地方私立大学のあり方の方向性をまとめたものである。この中で、一八歳人口の減少による地方私立大学への影響について簡易推計を行っている。

一八歳人口の変化については、二〇一五年時点の約一二〇万人から二〇四〇年には約八〇万人に減少するとし、大学進学率については、二〇一五年前後の五〇％が二〇四〇年においても変化がないものと推計している。

二〇一五年の大学進学者が六〇万人なのに対して二〇四〇年は四〇万人（八〇万人×五〇％）になり、東京都の私立大学（一七万人）と全国の国公立大学（一〇万人）の定員は確保されるとみなすと二〇一五年の地方私立大学進学者数は三三万人（六〇万人－一七万人－一〇万人）、二〇四〇年の地方私立大学進学者数は一三万人（四〇万人－一七万人－一〇万人）となり、地方私立大学の進学者数が二〇万人減少する推計を行っている。

これは収容定員一〇〇〇人の中規模大学が二〇〇校程度、再編・淘汰される計算になり、現在の地方私立大学（約四七〇校）の約四割に相当するとしている。

衝撃的な内容である。中央教育審議会の推計よりも厳しめ、すなわち、少子化の傾向はより強まり、大学進学率は伸びないと見越しているが、レポートのほうがより現実的な数字を示していると思われる。ここでの地方には東京都以外がすべて含まれるため、関西や愛知、神奈川、千葉、埼玉の私立大学も該当するが、これだけの私立大学が再編・淘汰ということになれば、地方への影響は計り知れないものとなる。実際、地方では様々な動きが起きている。すでに再編は現実のものだ。

もちろん、自治体そのものも消滅可能性都市として半数以上の八九六市町村が該当するとされている。これは実際に消滅するのではなく二十代、三十代の女性の数が半数以上減少し、将来的には地域で子どもが生まれなくなってしまうということを象徴的に示すものだった。地方創生が大きな政策テーマとなったきっかけでもある。

大学も自治体もまさに生き残りをかける時代である。そのような中で、今後、どのようなシナリオが考えられるだろうか。

†冬の時代のシナリオ

すでに拙著『公立大学の過去・現在そして未来』では公立大学の未来像について、いくつかのシナリオを描いたところであるが、ここではこのシナリオを基に公立大学だけでなく、国立大学、私立大学も含めて、特に地方における自治体と大学のあり方について考えてみることとする。

シナリオでは、五つのパターンを設定した。一つ目は公立大学が地方で相次いで誕生するとした。高等教育の無償化が低所得世帯層だけに留まった場合、地方の私立大学の中には公立化を求める声が高まるだろう。二〇二三年には公設民営大学ではない、純粋の私立大学だった旭川大学が旭川市立大学として公立化されることとなっている。

これに続けといわんばかりに、私立大学が地元自治体に公立化を求め、自治体も大学存続が地域社会の持続可能性の観点からも不可欠と判断して公立化を了承するケースが増えれば、公立大学の数は増え続けるだろう。

もちろん、大学設置審で設置者の変更がどこまで認められるかという点や、地方交付税に影響するだけに、総務省がどこまで許容するかという点は留意する必要があるだろう。特に後者については、佐賀県が公立大学の設置に消極的となった理由がそこにあったからだ。この点について、佐賀県知事だった古川康が二〇〇六年の六月定例会（六月二七日）で以下のように答弁している。

仮に県立大学ということになれば、維持管理費として毎年数億円の経費を一般財源の中から出し続ける必要があるわけでございますが、こういった場合において、県立大学ということであれば、交付税において県立大学のある県に対しては、割り増しで経費が措置されるということが、これまで長く行われてきておりました。算定方法の簡素化ということが徐々に進んできておりまして、この大学を持っている県に対する交付税措置が、近年、どんどんどんどんその額が非常に減ってきております。これについては、私どもも今後の情報をきちんとまた入手しなければいけないと思いますが、一部には、こうした法律で義務づけられていない事業に対する交付税の割り増し措置については、近々非常に小さくなる。または場合によっては廃止をされるというふうなことも伺っておりまして、そういう中であっても、持続的に経営できる大学というのはどういう大学でなければならないのかといった課題があるというふうに認識しております。

この答弁はいわゆる地方財政に関して三位一体の改革が進められていた時期のものであり、また、それを理由として大学設置が難しいと方針転換したとも考えられるが、もし、公立大学が数多く誕生すればそのような可能性も否定し得ないだろう。一方、公立化する私立大学の規模は小規模で、主に文系学部ということになれば、基準財政需要額の増加はあまり大きなものとならないので、影響は小さいともいえるだろう。

第二のシナリオは、公立大学の数は微増に留まるというものだ。私立大学の公立化の動きは全国各地で高まるものの、地方財政が悪化することで公立化を断念する自治体が増えることも想定される。首長が公立化に関する議案を提案しても、財政悪化を懸念する議会が否決し、公立化は進まなくなるだろう。住民投票で公立化が相次いで否決されることも考えられる。

また、公立大学が増えることで地方交付税の負担が増加することを懸念した総務省が、文部科学省などと協議し、良好な財政状況にある自治体だけが公立化を進めることができるような指針を定めれば、公立化できる私立大学はごく一部に限られるだろう。

第三のシナリオは公立大学の数が減少するというものである。高等教育の無償化が低所得層から中間層まで対象になると、学費が安いという公立大学の魅力が薄れ、これによって私立大学の経営も少し好転し、公立化を求める私立大学は皆無に近くなると考えられる。ただ、これには消費税の税率アップなど増税が前提となるだろう。

また、いわゆる文系学部中心の公立大学や私立大学から公立化した公立大学の中で、志願者が減少し、自治体の財政負担が増嵩するところも出てくると考えられる。その結果、学校法人に公立大学を移譲したり、大学廃止そのものを決断する自治体が地方を中心に出てくることもあり得るだろう。

これら三つのシナリオのうち、公立大学が大幅に増加することは、地方財政の状況次第ではあるが可能性は低いと思われる。第二のシナリオがもっとも現実的で、また、公立大学の撤退というのも政治的な責任を誰も取りたがらないことから、やはり可能性はあまり高くないだろう。

第四のシナリオが、国公私立大学の連携強化が進むというもので、上記の三つのシナリオと同時並行で起こるものとして考えられる。文部科学省は、国公私の枠組みを超えて大学の機能分担や教育研究などの連携を進め、各大学の強みが生かせるような制度として大学等連携推進法人の制度を導入した。これは、授業科目の共同開設や共同学位の促進、研究施設の共同利用などに取り組むものである。

すでに単位互換などは多くの大学で取り組んではいるが、学生がわざわざ他の大学に行く手間もあって利用は伸び悩んできた。コロナ禍にあって、オンライン講義が常態化する中で、授業科目の共同開設などは効率的な大学運営に資するとの期待も大きい。他方で、いわゆる教養科目などを担当する教員などからはリストラされるのではないかというような懸念の声が上がることも考えられる。人件費を少しでも削減して大学の存続を図りたいという意向がある地方の小規模な私立大学にとっては、オンライン、あるいはハイブリッドの講義を増やすことを志向するだろう。このような動きが将来の大学の再編につながることも考えられる。

第五のシナリオは、道州制への移行でほとんどの国立大学が公立化するというものである。そもそも道州制の議論が低調なだけに実現の可能性は低い。大学について道州が大きな役割を担うべきという案がほとんどで、この場合、大部分の国立大学はアメリカの州立大学のように道州が管理運営を行うということが考えられる。東京大学や京都大学など一部の大学を除いて公立へ移管ということになれば、公立大学の数は二〇〇近くとなる。また、一部の私立大学も州立に移管される可能性はあるだろう。

一方、大学運営の観点からは道州内の公立大学については同一の法人で運営するということが、効率性を高めるという観点からは十分考えられる。この結果、例えば東北州立大学山形校、盛岡校といったように現在の地方国立大学や公立大学が分校といった形となり、アメリカのＵＣＬＡなどと同じような組織形態が採用されることも考えられる。

†大学はどこへいく

大学はどこへいくのか、この問いに明確に答えられる識者はどれだけいるのだろうか。

一八歳人口が減少を続けることは確実である。コロナ禍が落ち着いて、海外との行き来が以前のようになっても、果たして留学生がどれだけ日本に来るのかも不透明であり、また、そもそも無制限に受け入れるべきなのかについては異論も多い。

欧米のように、一度社会に出た人向けのリカレント教育を重視すべきという考え方もあるが、これもまた需要と供給の関係がどうなるのか、まったくもって読めないというのが本音のところだろう。様々な専門職大学院が開設されたものの、撤退したところも少なくない。

大学全入時代というものが実現するのも考えにくい。すでにえり好みをしなければ、希望すればどこかの大学には入れるのかもしれないが、すべての高校卒業生が大学を目指すわけでもない。専門学校との競争も激しくなっていくだろう。

私立大学の募集停止、つまり廃校は各地ではじまっている。他大学に統合される形もあれば、大学は廃止するものの、短期大学や小中高などは存続させる学校法人もあるが、中には学校法人自体がなくなってしまったものもある。

特に、自治体が用地や建設経費などで支援した公設民営大学の経営が厳しさを増している。細々と経営を続けていくのか、公立化の道を関係自治体とともに模索するのか、統合という名の身売りをするのか、他の学校法人に事業継承を託すのか、はたまた完全撤退するのか、決断を迫られる大学は増えていくのではないだろうか。

そして、我々大学人も、もっと地域に向き合う必要がある。研究分野によって温度差があるのは仕方がないとしても、どのような分野であっても、地域への「知」の貢献は可能なはずだ。国際的な研究が中心だとしても、そもそも地域と国際は様々なところでつながっている。ローカルの集合体がグローバルなのだから。

自治体から要請があった公開講座の講師を務めれば十分、という時代はとっくの昔に終わっている。もっと積極的に、自治体というローカルからグローバルの玄関口でもある存在と建設的に関わるよう、意識改革も必要となる。もちろん、自治体側も、大学を都合のいい道具とは考えずに、ギブアンドテイクのギブの部分もちゃんと手当すべきである。まさに両者にとってメリットのある連携を真剣に考える時期にきているのだ。

この点については、どうも国立大学の教員が一番危機感が乏しいようだ。一七年間、国立大学に勤務した中で、この点は日常的に感じていたが、公立大学でも大学によっては似たような状況にあるのだろう。地方私立大学の教員がもっとも自分の問題として捉えているのではないだろうか。個人差は当然あるものの、総体的には危機感を持って向き合っているのは私立＞公立≒国立という感じがするのだ。

大学は歴史的には教育と研究を本来的な使命としてきた。これはいうまでもないことである。一方、大学の社会貢献、それも地域社会から国際社会に至るまで、広い意味での社会全体の発展への寄与というものが強調されるようになってきている。単に教育と研究をやっていればそれで十分という時代は20世紀までの話なのだ。

†自治体はどこへいく

自治体自身が消滅可能性といわれる時代である。公設民営で誕生した私立大学の維持にどれだけの公費を投入し続けることができるのか、あるいはすべきなのか、既にこのような大議論がいくつかの自治体で生じている。また、自ら設置した公立大学も聖域ではなくなっていくことも十分考えられる。文部科学省はエリア内での国立、公立、私立大学の連携を進めることもアイデアとして持っている。将来的には設立母体を越えた統合ということも起こり得るのだ。

これまで、自治体関係者の多くは、大学誘致を企業誘致と同じようなものと考えてきたのではないだろうか。類似する側面は少なくないが、大学は教育機関であり、人を育てる組織でもある。大学を誘致するにしても、公立大学を設置するにしても、本来であれば、自治体における高等教育政策の方向性が示され、それがまた、市民や大学にも共有されるべきではあった。

ＡＰＵの誘致に成功した大分県では、一九九四年に二一世紀大分県高等教育強化ビジョンを策定している。多額の補助金を拠出したこともさることながら、このような政策の方向性を早い段階で示したことが誘致につながり、そして大学は高い評価を得るようになったのだ。

今からでも遅くはない。経済界や教育関係者だけでなく、地元の高校生や所在する大学の学生などとの対話も行いつつ、持続可能な地域社会の構築に向けた高等教育の指針を独自に考えるべきだ。

その一方で、プランＢではないが、大学撤退ということも視野にいれつつ、どのような備えをすべきか、現時点から最悪のシナリオが現実のものとなった場合の対処方針も内部的には検討すべきだろう。

これらのことは、実は地方の国立大学にとっても他人事ではない。名古屋大学と岐阜大学が一つの国立大学法人になったことを契機に、いわゆる大学の大ぐくり化が進められるのかもしれない。この政策の是非はともかく、国立大学も地域を同じくする私立大学や公立大学、さらには自治体との連携がますます欠かせないものとなる。

自治体、特に都道府県が潤滑油となって、それぞれの大学にとって真に意味のある連携を進める橋渡し役の機能を果たすことが必要になってくるのではないだろうか。もちろん、すでにコンソーシアムのような形の組織は各地で作られているが、どちらかといえばアリバイ作りのようなものも見受けられる。利害の対立は当然起きる。そんな中で大学間の意見調整を進めるためにも、最低限、都道府県には明確な高等教育政策の計画や指針は必要になるだろう。

自治体の政策はトップである首長の意向に国以上に強く影響される。よくいえばリーダーシップが発揮されやすいが、四年の任期の間で成果が出やすい政策に注力しがちという側面も否定しえない。また、再選狙いなどで、ポピュリズムになびくような行動に出ることも少なくない。あるいは、前任の首長の政策をすべてひっくり返すことで自分の政治的な存在意義を知らしめようとする首長も現実にはいるものだ。これは、現職を破って当選した場合だけでなく、同じ政党の出身などでも起きている。

高等教育に関する政策の多くは、四年程度で目に見えるような成果が挙げられるとは限らないものである。中長期的な観点を持って取り組むべきものであり、将来を見据えて、後世の住民に後悔させないような、骨太の政策をしっかりと練ることが求められるのだ。

かつて、ここに大学があったのかと、未来の住民に嘆きのセリフを吐かせないためにも、大学を地域の宝とすべく、自治体も、そして住民も大学にもっと関わることが求められる。そして、大学も象牙の塔の殻に閉じこもらず、積極的にキャンパスの外に働きかけていく姿勢がますます必要となる。

自治体と大学が、車の両輪として地域社会を、そしてこの国を引っ張っていくくらいの気概をみせていくことこそが、本当の意味での持続可能な地域づくりにつながるのではないだろうか。

おわりに

本書は、私にとって二三冊目の単著である。今回は、自治体と大学の関係ということがメインテーマで、大学に関する研究書だけでなく、大学史や郷土史、さらには地方紙（誌）を数多く調べる必要があった。その際、お世話になったのがいつも以上に図書館だった。

特に国立国会図書館にはなんどとなく訪れ、様々な文献から大学誘致の成功と失敗の事例を引き出すことができた。

中身はともかく、私自身、どうも文章を書くスピードだけは人一倍速いようである。今回も一日で一万字を埋めるという時もあった。公立大学研究の蓄積もあったが、基本的には書下ろしである。一日中文献調査ということもあったが、このテーマで書こうと思い立ってから、概ね書き上げて筑摩書房に提出するまでにかかったのは一か月ほどだった。

おそらく過去最速のペースだっただろう。春休みという時間の余裕がある期間ということもあったが、このテーマを調べてみると自分の知らない、そして興味をそそられる事実が次から次へと明らかになったのだ。

ともかく、書いていて、そして調べていてこんなに面白いと思ったことはなかった。成功事例であれ、失敗事例であれ、このようなことが自治と教育の現場で進められていたんだ、それもこのようなステークホルダーがいたんだ、そして、このような発言がされていたんだ、毎日が新たな発見の中で、自分でも驚くほど執筆が捗ったのだった。

大学を誘致し、あるいは公立大学を設置する際に自治体関係者がどれだけ汗をかいてきたのかについて、調べれば調べるほど様々な資料が出てきたのだった。特に、地方で刊行される雑誌の多くが、国会図書館でデジタル化され、比較的容易に閲覧できるようになったのは研究をスピードアップさせる一助となった。様々な資料のデジタル化は道半ばではあるが、経済系の地方月刊誌は、ゴシップ記事も少なくはないものの、大学に関する様々な情報を提供してくれる重要な媒体だった。特に、「財界ふくしま」の記事からは多くの示唆を得ることができた。一方、地方新聞の記事はデジタル化されていないものや、デジタル化されていても、対象期間が最近のものに限られていたり、その地の図書館などに行かなければ検索ができないものも少なくない。

今回、大学誘致に関する様々な動きを知るうえで地方月刊誌は重要な役割を果たしてくれたのである。もちろん、大学史や郷土史も大学を巡る様々な動きを提供してくれるもののではあったが、大学あるいは自治体の立場からの記述となっていることは十分考えられる。それを補う資料として月刊誌をはじめとするマスコミ報道を確認することも重要な作業だった。

願わくは、一定の費用を払えば、全国の地方紙に関して数十年分を横断的に検索できるようなシステムが作られれば、様々な研究の進展に貢献すると思われるが、これはあまり現実的な提案ではないのかもしれない。

今回の研究でも、地方議会の議事録検索によって有益な情報を数多く得ることができた。その一方で、閲覧できる期間が短く、過去の分があまり掲載されていないところや検索システム自体が使いにくいところも少なからずあった。国会並みとはいかなくても、ある程度同じような基準で、できるだけ過去に遡って検索できるようなシステムを望みたいところではあるが、各自治体の独自の判断に委ねざるを得ないというのは、少なくとも地方自治研究者としては甘受しなければならないのだろう。

いずれにしても、今回の研究を進める中で、公文書も含めてアーカイブを整備することの重要性を改めて認識したところである。

正直、もっと早い段階でこのテーマをみつけ、もっとじっくりと取り組めば中身もより充実したものとなったのでは、という思いもよぎるが、元来せっかちな性格ゆえに、一気呵成に書き上げる方が自分らしいのかとも思った次第である。

本書では、自治体と大学の濃密な関係を多くの人に知ってもらうために書かれたものである。単に公立大学に光を当てるだけではなく、特に地方の私立大学について、もっと正当に評価してもらいたいという思いもある。国立大学においても戦前戦後を通じて、自治体と様々な関係があり、そしてこれからも様々な関わり方をしていくだろう。

国立であれ、公立であれ、私立であれ、地方にある大学は、それこそ好むと好まざるとにかかわらず、地元や周辺の自治体と様々な関係性を維持していくことになるのだ。それだけに、自治体関係者、特に首長には単に改革の成果を上げるツールとして大学を見て欲しくないのである。

本書でも記したように、大学誘致には熱心であっても、本来はその根幹にあるべき高等教育政策をしっかりと掲げている自治体は少ない。特に公立大学の場合、首長の考えだけで大学のあり方ががらりと変わってしまうことは本来避けるべきである。リーダーシップも重要ではあるが、様々な意見に耳を傾け、中長期的な地域の高等教育政策をしっかりと構築していくべきである。

前作の『公立大学の過去・現在そして未来』でも明らかにしたことではあるが、国立、公立、私立のそれぞれの大学に通う学生の家庭の平均収入を過去六〇年ほど調べた中で、もはや国立大学生の家庭が私立大学の平均を凌ぐような状況にあり、その一方で公立大学の平均が大幅に低いという実態に鑑みれば、授業料や入学金などに関してアメリカの例なども参考にしつつ、学生間で出身などに基づく差異をもっとつけるなど見直しを図るということも許容されるのではないだろうか。

大学に入学したのが、ちょうど四〇年前、そして二〇二二年の今年に還暦を迎える身として、この三月、博士論文の指導をしていただいた西尾勝東京大学名誉教授の訃報はあまりにも悲しい知らせであった。西尾先生のご指導がなければ、二二年も研究生活を続けることは叶わなかっただろう。

博士論文を書き上げてから、先生のもとに新潟の日本酒を送るのが夏冬の恒例行事となっていた。その都度、丁寧なお礼状を頂くのが私の楽しみでもあり、また、この上ない喜びでもあった。本書は亡き西尾先生に捧げられるものである。

そして、本書を刊行することができたのも、筑摩書房の松本良次氏のおかげである。氏にはこれまで三冊の刊行にご尽力いただいたが、今回も様々なご助言をいただいた。記して感謝する次第である。

参考文献

会津若松市史研究会『会津、戦後から明日へ：戦後・平成・そして未来（会津若松市史：10［歴史編10戦後現代〕）』会津若松市、二〇〇九年
青木久『光と影 第3部（民主社会主義の道を求めて市長回顧編）』青木久、一九九五年
浅野有紀・濱崎陽平「経営難私大の公立化にみる〝延命策〟の懸念」『Ｗｅｄｇｅ』２０２０年８月号、二〇二〇年
旭川市「第1回旭川大学の公立化検討に関する有識者懇談会資料（資料７－２私立大学から公立大学に移行した大学について）」二〇一七年
天野郁夫『大学――試練の時代』東京大学出版会、一九八八年
天野郁夫『近代日本高等教育研究』玉川大学出版部、一九八九年
天野郁夫『大学改革の社会学』玉川大学出版部、二〇〇六年
天野郁夫『大学の誕生（上）帝国大学の時代』中公新書、二〇〇九年
天野郁夫『大学の誕生（下）大学への挑戦』中公新書、二〇〇九年
天野郁夫『新制大学の誕生（上巻）大衆高等教育への道』名古屋大学出版会、二〇一六年
天野郁夫『新制大学の誕生（下巻）大衆高等教育への道』名古屋大学出版会、二〇一六年
天野郁夫『新制大学の時代――日本的高等教育像の模索』名古屋大学出版会、二〇一九年
石巻市史編さん委員会編『石巻の歴史第2巻［2］（通史編下の2）』石巻市、一九九八年
石原信雄「公立大学と地方財政」『地方財政』四巻六号、一九六五年
市川昭午編『大学大衆化の構造』玉川大学出版部、一九九五年

市川昭午『高等教育の変貌と財政』玉川大学出版部、二〇〇〇年
一般財団法人日本開発構想研究所『東京圏の大学の地方サテライトキャンパス等に関する調査研究報告書——地方公共団体と大学との連携強化に向けて』二〇一八年
猪股歳之「日本における高等教育関連施策の展開——高等教育機関の地方立地に関する政策を中心に」『東北大学大学院教育学研究科研究年報』54集・2号、二〇〇六年
上山隆大（代表）『シリーズ大学3　大学とコスト——誰がどう支えるのか』岩波書店、二〇一三年
内田穣吉・佐野豊共編『公立大学——その現状と展望』日本評論社、一九八三年
大分県『大学誘致に伴う波及効果の検証——立命館アジア太平洋大学（APU）開学10周年を迎えて』二〇一〇年
大串隆吉「東京都立の大学の統廃合・法人化に至る道」『教育学研究』70巻1号、二〇〇三年
大阪市立大学125年史編集委員会編『大阪市立大学の125年：1880～2005年』大阪市立大学、二〇〇七年
大竹三五郎『白河市に於ける大学誘致の挫折』政視会報社、一九八六年
大嶽秀夫「ポピュリスト石原都知事の大学改革——東京都立大学から首都大学東京へ」『レヴァイアサン』42号、二〇〇八年
大谷奨「高等専門学校制度の発足と地方における誘致問題——国立高専一期校の決定過程とその検討」『教育制度学研究』22号、二〇一五年
大谷奨「国立大学誘致運動と地元負担——「地方利益」としての国立医科大学」『科学研究助成事業　研究成果報告書』二〇一六年
大谷奨「新構想大学の誘致をめぐる地方における政治・行政過程とその効果」『科学研究助成事業　研究成果報告書』二〇一九年

小川洋『地方大学再生──生き残る大学の条件』朝日新書、二〇一九年
鹿児島県『鹿児島県史第6巻下巻』鹿児島県、二〇〇六年
鹿屋市史編さん委員会編『鹿屋市史［改訂版］下』鹿屋市、一九九五年
鎌塚正良「地方自治体が苛まれる大学誘致の落とし穴」『週刊ダイヤモンド』4月5日号、一九九七年
喜多村和之『大学淘汰の時代──消費社会の高等教育』中公新書、一九九〇年
木村誠『大学大倒産時代──都会で消える大学、地方で伸びる大学』朝日新書、二〇一七年
九州大学百年史編集委員会『九州大学百年史 第1巻』九州大学、二〇一七年
釧路市史編さん員会議編『新修釧路市史第4巻（資料編）』釧路市、一九九七年
公立大学協会50年史編纂委員会編『地域とともにあゆむ公立大学──公立大学協会50年史』公立大学協会、二〇〇〇年
小西砂千夫『新版　基本から学ぶ地方財政』学陽書房、二〇一八年
小林良彰・石上泰州「ケーススタディ　自治体財政の現状と要因分析──ケース5三重県松阪市－大学誘致」『地方財務』11月（438）、一九九〇年
佐藤龍子「公立大学研究の複雑さと困難性──公設民営大学（私立大学）の公立大学法人化を例として」『静岡大学教育研究』（11）、二〇一五年
自治省編『地方財政の状況』大蔵省印刷局、一九六一年
柴恭史「地方自治体の高等教育政策──国公私立大学の改革に及ぼす影響に注目して」『地域連携教育研究』創刊号、二〇一七年
上越市史編さん委員会編『上越市史 通史編6』上越市、二〇〇二年
高崎経済大学附属産業研究所編『地方公立大学の未来』日本経済評論社、二〇一〇年
高崎市市史編さん委員会編『新編高崎市史資料編11近代現代Ⅲ』高崎市、二〇〇〇年

高槻市市長公室「市街地整備促進特別委員会資料」二〇〇七年、二〇〇八年
高橋寛人編著『公設民営大学設立事情』東信堂、二〇〇四年
高橋寛人『20世紀日本の公立大学――地域はなぜ大学を必要とするか』日本図書センター、二〇〇九年
滝ヶ平真也「私立大学と地方自治体の関係構築にむけて――道都大学の紋別市撤退を事例として」『高等継続教育研究』4、二〇〇五年
田村秀『政策形成の基礎知識――分権時代の自治体職員に求められるもの』第一法規、二〇〇四年
田村秀『道州制・連邦制――これまでの議論・これからの展望』ぎょうせい、二〇〇四年
田村秀『データの罠――世論はこうしてつくられる』集英社新書、二〇〇六年
田村秀『消滅か復権か――瀬戸際の新潟県12の課題』新潟日報事業社、二〇一〇年
田村秀『暴走する地方自治』ちくま新書、二〇一二年
田村秀『ランキングの罠』ちくま文庫、二〇一二年
田村秀『道州制で日本はこう変わる――都道府県がなくなる日』扶桑社新書、二〇一三年
田村秀『改革派首長はなにを改革したのか』亜紀書房、二〇一四年
田村秀『地方都市の持続可能性――「東京ひとり勝ち」を超えて』ちくま新書、二〇一八年
田村秀『公立大学の過去・現在そして未来――持続可能な将来への展望』玉川大学出版部、二〇二一年
都留文科大学創立三十周年記念事業実行委員会編『都留文科大学記念誌：平成元年度』都留文科大学創立三十周年記念事業実行委員会、一九八九年
寺田健一『秋田よ変われ寺田県政12年』秋田魁新報社、二〇一六年
東海大学『東海大学五十年史　通史編』東海大学出版会、一九九三年
東北大学百年史編集委員会編『東北大学百年史1（通史1）』東北大学研究教育振興財団、二〇〇七年
鳥井康照「米国大学日本校の進出と撤退」『国立教育政策研究所紀要』（132）、二〇〇三年

鳥井康照「公立大学の設置をめぐるケーススタディ――秋田県の事例」地域高等教育政策研究会編『地方自治体の高等教育政策に関する調査研究報告書』地域高等教育政策研究会、二〇〇八年
鳥山亜由美「私立大学の公立大学化：その背景と過程」『公共政策志林』5巻、二〇一七年
中川淳編『公立大学協会十五年の歩み』公立大学協会事務局、一九六六年
中田晃『可能性としての公立大学政策――なぜ平成期に公立大学は急増したのか』学校経理研究会、二〇二〇年
西村秀俊「加熱する地方の大学誘致」『晨』56、一九八七年
日本政策投資銀行地域企画部『地方創生に資する地方私立大学活性化の方向性――大学自身の生き残りを賭けて』二〇一八年
橋本勇『地方自治のあゆみ』良書普及会、一九九五年
濱中淳子（代表）『シリーズ大学2　大衆化する大学――学生の多様化をどうみるか』岩波書店、二〇一三年
兵庫教育大学『兵庫教育大学十年史』兵庫教育大学、一九八八年
広田照幸（代表）『シリーズ大学6　組織としての大学――役割や機能をどうみるのか』岩波書店、二〇一三年
鰭崎浩「米大学誘致の光と影」『晨』94、一九九〇年
前一平「東京23区における私立大学等の定員抑制――東京一極集中の是正と地方大学の振興1」『立法と調査』№395、二〇一七年
丸山文裕「アメリカ州立大学における管理と経営」国立大学財務・経営センター『大学財務経営研究』5号、二〇〇八年
丸山文裕「アメリカにおける州立大学の授業料」国立大学財務・経営センター『大学財務経営研究』7号、

二〇一〇年
光本滋「公立大学の法人化問題——歴史的改革課題と「公立大学法人」像」『教育学研究』70巻1号、二〇〇三年
村田鈴子編著『公立大学に関する研究——地域社会志向とユニバーサリズム』多賀出版、一九九四年
文部科学省『諸外国の高等教育』明石書店、二〇一一年
文部省編『学制百年史』帝国地方行政学会、一九七二年
文部省『学制百二十年史』ぎょうせい、一九九二年
紋別市史編さん委員会編『新修紋別市史』紋別市、二〇〇七年
山見郁雄「大学誘致に熱さめやらず——地域振興の起爆剤になりうるか（地方と大学）」『世界』506、一九八七年
吉岡直人『さらば、公立大学法人横浜市立大学』下田出版、二〇〇九年
吉川卓治『公立大学の誕生』名古屋大学出版会、二〇一〇年
吉田文（代表）『シリーズ大学1　グローバリゼーション——社会変動と大学』岩波書店、二〇一三年
立命館百年史編纂委員会編『立命館百年史通史3』立命館、二〇一三年
渡部晃正「地方自治体と米国大学のパートナーシップに関する一考察」『東北大学教育学部研究年報』43集、一九九五年

ちくま新書
1676

自治体と大学
——少子化時代の生き残り策

二〇二二年八月一〇日　第一刷発行

著者　田村秀（たむら・しげる）

発行者　喜入冬子

発行所　株式会社 筑摩書房
東京都台東区蔵前二-五-三　郵便番号一一一-八七五五
電話番号〇三-五六八七-二六〇一（代表）

装幀者　間村俊一

印刷・製本　三松堂印刷 株式会社

ISBN978-4-480-07495-9 C0231

960
暴走する地方自治
田村秀
行革を旗印に怪気炎を上げる市長や知事、地域政党。だが自称改革派は矛盾だらけだ。幻想を振りまき混乱に拍車をかける彼らの政策を分析、地方自治を問いなおす！

1367
地方都市の持続可能性
――「東京ひとり勝ち」を超えて
田村秀
煮え切らない国の方針に翻弄されてきた全国の自治体。厳しい状況下で地域を盛り上げ、どうブランド力を高めるか。都市の盛衰や従来の議論を踏まえた生き残り策。

625
自治体をどう変えるか
佐々木信夫
行政活動の三分の二以上を担う地方を変えることは、この国のかたちを変えることにほかならない。「官」と「民」の関係を問い直し、新たな〈公〉のビジョンを描く。

1150
地方創生の正体
――なぜ地域政策は失敗するのか
山下祐介
金井利之
「地方創生」で国はいったい何をたくらみ、地方をどう支配しようとしているのか。気鋭の社会学者と行政学者が国策の罠を暴き出し、統治構造の病巣にメスを入れる。

1176
迷走する民主主義
森政稔
政権交代や強いリーダーシップを追求した「改革」がもたらしたのは、民主主義への不信と憎悪だった。その背景に何があるのか。政治の本分と限界を冷静に考える。

1238
地方自治講義
今井照
地方自治の原理と歴史から、人口減少やコミュニティ、憲法問題など現在の課題までをわかりやすく解説。市民が自治体を使いこなすための、従来にない地方自治入門。

1310
行政学講義
――日本官僚制を解剖する
金井利之
我々はなぜ官僚支配から抜け出せないのか。政治主導はなぜ無効なのか。支配・外界・身内・権力の四つの切り口で行政の作動様式を解明する、これまでにない入門書。

941 **限界集落の真実** ——過疎の村は消えるか？ 山下祐介

「限界集落はどこも消滅寸前」は嘘である。危機を煽り立てるだけの報道や、カネによる解決に終始する政府の過疎対策の誤りを正し、真の地域再生とは何かを考える。

1100 **地方消滅の罠** ——「増田レポート」と人口減少社会の正体 山下祐介

「半数の市町村が消滅する」は嘘だ。「選択と集中」などという論理を振りかざし、地方を消滅させようとしているのは誰なのか。いま話題の増田レポートの虚妄を暴く。

1129 **地域再生の戦略** ——「交通まちづくり」というアプローチ 宇都宮浄人

地方の衰退に伴い、鉄道やバスも消滅の危機にある。再生するためには「まち」と「公共交通」を一緒に変えるしかない。日本の最新事例をもとにその可能性を探る。

1151 **地域再生入門** ——寄りあいワークショップの力 山浦晴男

全国どこでも実施できる地域再生の切り札「寄りあいワークショップ」。住民全員が連帯感をもってアイデアを出しあい、地域を動かす方法と成功の秘訣を伝授する。

772 **学歴分断社会** 吉川徹

格差問題を生む主たる原因は学歴にある。そして今、日本社会は大卒か非大卒かに分断されてきた。そのメカニズムを解明し、問題点を指摘し、今後を展望する。

955 **ルポ 賃金差別** 竹信三恵子

パート、嘱託、派遣、契約、正規……。同じ仕事内容でも、賃金に差が生じるのはなぜか？ 非正規雇用という現代の「身分制」をえぐる、衝撃のノンフィクション！

809 **ドキュメント 高校中退** ——いま、貧困がうまれる場所 青砥恭

高校を中退し、アルバイトすらできない貧困状態へと落ちていく。もはやそれは教育問題ではなく、社会を揺るがす問題である。知られざる高校中退の実態に迫る。

ちくま新書

1468 国語教育　混迷する改革　紅野謙介

実用文と複数資料を扱う「大学入学共通テスト」の構造的欠陥とは。論理と文学を切り分けた「新学習指導要領」の行方は。歪められつつある国語教育の未来形を考える。

1473 危機に立つ東大 ――入試制度改革をめぐる葛藤と迷走　石井洋二郎

秋季入学構想の加速、英語民間試験をめぐる問題……日本のリーディング大学で何が起こっていたのか？　改革の経緯を見直し、大学のあるべき姿を提示する。

1549 日本の教育はダメじゃない ――国際比較データで問いなおす　小松光　ジェルミー・ラプリー

「いじめや不登校」「ゆとり教育の失敗」……日本の教育への数々の批判は本当なのか？　気鋭の２人が国際比較データを駆使して教育問題に新たな視点を提供する。

1605 入試改革はなぜ狂って見えるか　物江潤

総合学習、多面的評価、高大接続……。教育や入試の改革はなぜいつも見当違いばかりなのか。理想と現実のはざまで混乱する議論に惑わされないための視点とは。

399 教えることの復権　大村はま　苅谷剛彦・夏子

詰め込みかゆとり教育か。今再びこの国の教育が揺れている。教室と授業に賭けた一教師の息の長い仕事を通して、もう一度正面から「教えること」を考え直す。

949 大学の思い出は就活です（苦笑） ――大学生活50のお約束　石渡嶺司

大学生活の悩み解決。楽しく過ごして就活はもちろん社会に出てからも力を発揮する勉強、遊び、バイト経験とは。すごい人をめざす必要なんて、全然ありませんよ。

1026 ユダヤ人の教養 ――グローバリズム教育の三千年　大澤武男

グローバルに活躍するユダヤ人。ノーベル賞受賞、世界企業の創業、医師や弁護士……。輝かしい業績を生む彼らの教養・教育への姿勢と実践を苦難の歴史に探る！

1041
子どもが伸びる ほめる子育て
——データと実例が教えるツボ
太田肇
「ほめて育てる」のは意外と難しい。間違えると逆効果。どうしたら力を伸ばせるのか？ データと実例で「ほめ方」を解説し、無気力な子供を変える育て方を伝授！

1047
公立中高一貫校
小林公夫
私立との違いは？ 適性検査の内容は？ どんな子どもが受かるのか？ 難関受験教育のエキスパートが、徹底した問題分析と取材をもとに、合格への道を伝授する。

1174
「超」進学校 開成・灘の卒業生
——その教育は仕事に活きるか
濱中淳子
東西の超進学校、開成と灘に実施した卒業生調査。中高時代の生活や悩みから現在の職業、年収まで詳細に分析。そこから日本の教育と社会の実相を逆照射する。

1180
家庭という学校
外山滋比古
親こそ最高の教師である。子供が誰でも持つ天才的能力をつなぎとめるには、親が家庭で上手に教育するしかない。誇りを持って、愛情をこめて子を導く教育術の真髄。

1239
知のスクランブル
——文理的思考の挑戦
日本大学文理学部編
文系・理系をあわせ持つ、文理学部の研究者たちが結集。18名の研究紹介から、領域横断的な「知」の可能性が見えてくる。執筆者：永井均、古川隆久、広田照幸ほか。

1339
オカルト化する日本の教育
——江戸しぐさと親学にひそむナショナリズム
原田実
偽史・疑似科学にもとづく教育論が、教育行政に影響を与えている。欺瞞に満ちた教えはなぜ蔓延したのか。嘘がばれているのに、まかり通る背景には何があるのか。

1354
国語教育の危機
——大学入学共通テストと新学習指導要領
紅野謙介
二〇二一年より導入される大学入学共通テスト。高校国語教科書の編集に携わってきた著者が、そのプレテスト問題を分析し、看過できない内容にメスを入れる。

ちくま新書

1027 **商店街再生の罠 ——売りたいモノから、顧客がしたいコトへ** 久繁哲之介

「大型店に客を奪われた」は幻想！　B級グルメ、商店街を利用しない公務員、ゆるキャラなど数々の事例から、商店街衰退の真実と再生策を導き出す一冊。

1064 **日本漁業の真実** 濱田武士

減る魚資源、衰退する漁村、絶えない国際紛争……。漁業は現代を代表する「課題先進産業」だ。その漁業に何が起きているのか。知られざる全貌を明かす決定版！

1094 **東京都市計画の遺産 ——防災・復興・オリンピック** 越澤明

幾多の惨禍から何度も再生してきた東京。だが、インフラ未整備の地区は数多い。首都大地震、防災への備え、五輪へ向けた国際都市づくりなど、いま何が必要か？

1268 **地域の力を引き出す企業 ——グローバル・ニッチトップ企業が示す未来** 細谷祐二

地方では、ニッチな分野で世界の頂点に立つ「GNT」企業の存在感が高まっている。その実態を紹介し、国や自治体の支援方法を探る。日本を救うヒントがここに！

1374 **東京格差 ——浮かぶ街・沈む街** 中川寛子

「閑静な住宅街」「職住分離」「住みよい街」という発想はもはや時代遅れ。二極化する東京で、生きのこる街の条件は何か？　豊富な事例も交えつつ具体策を探る。

…活性マーケティング 岩永洋平

地方の味方は誰か。どうすれば地域産品を開発、ブランド化できるのか。ふるさと納税にふるさとへの思いはあるか。地方が稼ぐ仕組みと戦略とは。

…の東大闘争 …わけ 富田武

安田講堂事件から五十年。東大闘争とは何だったのか。当事者として、また歴史家として学生運動の過程と社会的・歴史的背景を検証。闘争の思想的意味を問い直す。